머리말

교실 안팎으로 어휘 문맹의 위기가 닥쳐왔다

몇 년 전 한 방송 프로그램에서 수업 중인 교실 풍경을 본 적이 있습니다.
선생님의 설명에 귀를 기울이는 아이들의 모습. 그러나 잠시 후,

"희미한 기적 소리를 내고 있어요."
"시 한 편을 쓴 후 먼저 가제를 지어 봅시다."

아이들은 선생님이 하시는 말씀 중 '기적'과 '가제'라는 어휘의 뜻을 전혀 몰랐습니다. 고개만 갸우뚱거리고 있습니다. 전체 아이들의 절반 이상이 모르는 분위기입니다.

요즘 학생들에게 어휘 문맹의 위기가 닥쳤다고 합니다. 선생님들은 학생들이 어휘를 몰라 수업 진행이 어렵다고 말합니다. 이런 어휘 문맹은 비단 교실 안에서만 있는 일은 아닙니다. 교실 밖에서도 아이들의 어휘력은 심각했습니다. '금일 휴업'을 보고 '금요일에 휴업을 한다'고 이해하고, '고지식하다'는 '지식이 아주 높다'라는 뜻으로 알고 있었습니다.

이제는 한자의 힘을 길러 어휘를 정복해야 할 때

아이들이 잘 모르는 어휘들을 살펴보면 대부분 '한자'로 이루어진 어휘입니다. 한자어는 우리가 사용하는 어휘의 70%를 차지하고 학습 개념어의 80% 이상을 차지하는데 그 뜻을 모르니 수업을 따라갈 수 없는 게 당연합니다. 학교 공부를 잘할 수도 의사소통을 잘할 수도 없겠지요.

한자어는 비록 한글로 표기하지만 그 이면에는 한자가 숨어 있습니다. 위에서 아이들이 이해하지 못한 '가제'라는 어휘에도 한자 '假(거짓 가)'와 '題(제목 제)'가 쓰였습니다. 아이들이 이 어휘 속 '가'에 '거짓, 임시'의 뜻이 숨어 있다는 것을 알았다면 선생님께서 하신 말씀을 이해하거나 어휘의 뜻을 유추할 수 있었을 겁니다. 숨어 있는 한자의 뜻을 알고 있는 아이와 모르는 아이의 어휘력의 차이는 당연합니다.

〈어휘를 정복하는 한자의 힘〉은 권당 50개의 한자와 한자에서 파생된 한자 어휘 200개를 학습합니다. 그리고 새로운 어휘의 뜻을 유추하는 문제를 통해 어휘 추론력을 기릅니다. 한 권을 완주하면 비슷한말, 반대말까지 포함하여 약 300여 개의 어휘를 제대로 배울 수 있습니다.

매일 두 쪽씩 조금씩, 천천히, 꾸준히 공부해 보세요. 하루 두 쪽씩 쌓인 시간은 여러분의 공부 경쟁력이 될 거예요. 여러분의 어휘 정복을 응원합니다!

기적학습연구소 국어팀 일동

전체 학습 커리큘럼

〈초등 1~2학년 권장〉

1권

01 자연 1	日 일	月 월	火 화	水 수	木 목	06 수 1	一 일	二 이	三 삼	四 사	五 오
02 자연 2	金 금	土 토	山 산	天 천	地 지	07 수 2	六 륙	七 칠	八 팔	九 구	十 십
03 배움 1	學 학	校 교	先 선	生 생	敎 교	08 정도 1	大 대	小 소	多 다	少 소	高 고
04 가족 1	父 부	母 모	兄 형	弟 제	寸 촌	09 방향과 위치 1	東 동	西 서	南 남	北 북	中 중
05 사람 1	人 인	女 녀	男 남	子 자	心 심	10 움직임 1	入 입	出 출	來 래	登 등	動 동

2권

01 정도 2	長 장	短 단	強 강	弱 약	重 중	06 사물 1	物 물	形 형	間 간	車 차/거	線 선
02 색	靑 청	白 백	黃 황	綠 록	色 색	07 마을과 사회 1	村 촌	里 리	邑 읍	洞 동/통	市 시
03 신체 1	目 목	口 구	面 면	手 수	足 족	08 자연 3	自 자	然 연	川 천	江 강	海 해
04 생활 1	食 식	飮 음	事 사	業 업	休 휴	09 사람 2	姓 성	名 명	世 세	活 활	命 명
05 상태 1	有 유	不 불/부	便 편/변	安 안	全 전	10 배움 2	讀 독	書 서	問 문	答 답	聞 문

3권

01 수 3	百 백	千 천	萬 만	算 산	數 수	06 방향과 위치 2	方 방	向 향	內 내	外 외	上 상
02 자연 4	風 풍	雪 설	石 석	草 초	花 화	07 방향과 위치 3	下 하	前 전	後 후	左 좌	右 우
03 자연 5	春 춘	夏 하	秋 추	冬 동	光 광	08 신체 2	頭 두	身 신	體 체	育 육	苦 고
04 집	家 가	室 실	門 문	堂 당	場 장	09 생활 2	住 주	用 용	作 작	交 교	話 화
05 사람 3	力 력	氣 기	老 로	孝 효	工 공	10 나라	王 왕	民 민	軍 군	韓 한	國 국

*총 6권 구성으로 학습 난이도에 따라 1~3권, 4~6권으로 구분합니다. 학습을 모두 마치면 약 1800여 개의 초등 필수 어휘를 정복할 수 있습니다.

*학습 한자는 '한국어문회' 기준의 급수한자 8~6급 한자를 난이도, 주제, 사용 빈도에 따라 재배열하여 선정하였습니다. 6급 한자 중 李, 朴, 郡, 京은 파생 어휘가 한정적이라 5급 한자인 考, 知, 都, 則으로 대체하였습니다.

〈초등 3~4학년 권장〉

4권	01 수 4	半반	分분	計계	第제	番번	06 상태 2	正정	直직	公공	平평	利리
	02 자연 6	林림	電전	樹수	根근	果과	07 상태 3	溫온	太태	感감	愛애	每매
	03 가족 2	夫부	祖조	孫손	族족	禮례	08 사물 2	所소	各각	表표	級급	席석
	04 사람 4	者자	信신	親친	才재	術술	09 마을과 사회 2	道도	路로	功공	共공	界계
	05 시간 1	時시	朝조	晝주	午오	夕석	10 마을과 사회 3	班반	合합	社사	會회	始시

5권	01 자연 7	音음	淸청	明명	陽양	洋양	06 움직임 2	立립	行행	開개	放방	反반
	02 사람 5	主주	代대	使사	意의	成성	07 상태 4	空공	同동	在재	失실	特특
	03 배움 3	習습	訓훈	樂락/악	題제	科과	08 상태 5	新신	勇용	速속	幸행	急급
	04 시간 2	夜야	昨작	今금	年년	古고	09 사물 3	衣의	服복	紙지	旗기	窓창
	05 생활 3	記기	對대	省성/생	定정	集집	10 마을과 사회 4	式식	例례	度도	理리	和화

6권	01 사람 6	童동	等등	美미	病병	醫의	06 생활 4	歌가	農농	植식	待대	通통
	02 사람 7	神신	戰전	號호	考고	知지	07 움직임 3	注주	發발	現현	消소	運운
	03 자연 8	由유	本본	死사	油유	銀은	08 상태 6	近근	遠원	勝승	別별	永영
	04 자연 9	角각	野야	園원	英영	庭정	09 사물 4	球구	圖도	畫화/획	米미	藥약
	05 배움 4	文문	字자	言언	語어	章장	10 마을과 사회 5	部부	都도	區구	則칙	漢한

학습 설계와 활용법

하루 학습

하루에 한자 1개, 한자 어휘 4개를 학습해요

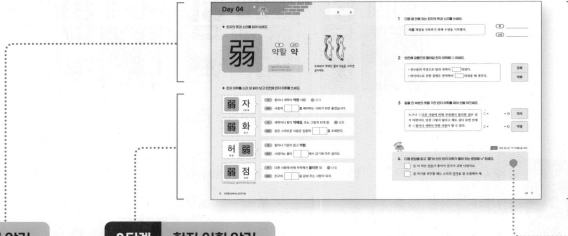

1단계 | 한자 알기

오늘 배울 한자입니다. 하루에 한 자씩 한자의 뜻(훈)과 소리(음)를 배웁니다.

2단계 | 한자 어휘 알기

한자에서 파생된 한자 어휘 4개를 학습합니다. 한자 어휘의 뜻을 소리 내 읽어 보며 그 속에 숨어 있는 한자의 뜻을 찾아보세요. 예문 안에 한자 어휘를 쓰며 어떻게 활용되는지 자연스럽게 익힙니다. 한자 어휘의 반대말과 비슷한말도 함께 배웁니다.

마무리 학습

5일 동안 배운 내용을 복습해요

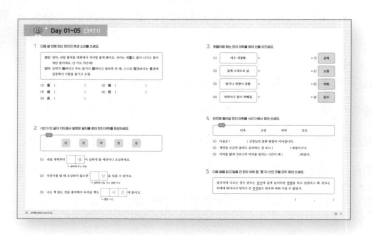

5일 동안 배운 한자 5개, 한자 어휘 20개를 문제를 풀며 복습합니다.
¹한자 훈음 확인 → ²어휘 활용력 기르기 → ³어휘 추론력 기르기 문제가 단계별로 구성되어 있습니다.

3단계　문제로 확인하기

배운 내용을 문제로 확인합니다. ¹ 한자 훈음 확인 → ² 어휘 활용력 기르기 → ³ 어휘 추론력 기르기 문제가 단계별로 구성되어 있습니다.

어휘 추론력 기르기

마지막 문제는 '어휘 추론 문제'입니다. 어휘력의 최종 도달 단계는 어휘의 뜻을 추론하는 능력입니다. 한글로 표기되어 있지만 그 안에 어떤 뜻의 한자가 숨어 있을지 추론하며 문제를 풀어 보세요.

'弱'은 '약하다'의 뜻을 가진 한자야. 두 어휘 중 '약하다'의 뜻이 있는 어휘는 '강약'인 것 같아. '약효'에는 어떤 한자가 쓰였을까?

도움말　다른 하나는 '약(藥)'을 써요.

4 다음 문장을 읽고 '弱'이 쓰인 한자 어휘가 들어 있는 문장에 ✓ 하세요.

☐ ① 이 약은 **약효**가 좋아서 감기가 금방 나았어요.

☐ ② 악기를 연주할 때는 소리의 **강약**을 잘 조절해야 해.

특별부록

쓰면서 한자의 뜻을 기억하고 싶다면, 쓰기장을 활용해요

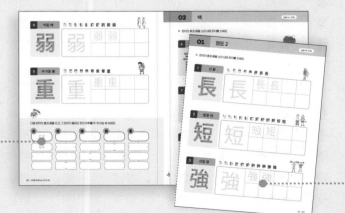

한자 쓰기를 할 수 있는 쓰기장이 맨 뒤에 수록되어 있습니다. 한 장씩 잘라서 옆에 두고 활용하세요. 본 학습과 같이 해도 좋고 복습하는 날 한 번에 해도 좋아요.

해당 한자가 들어간 한자 어휘를 떠올려 보며 마무리합니다.

한자의 뜻을 기억하며 획순에 맞게 쓰세요. ¹ 크게 따라 쓰고, ² 작게 따라 쓰고, ³ 시작점에 맞춰서 혼자 써 보세요.

이 책의 차례 2권

01 정도·2

✦ 한자의 뜻과 소리를 읽어 보세요.

뜻) (소리)

긴   장

* '길다'의 뜻이 있어요.
* '낫다'의 뜻도 있어요.
* '맏이, 우두머리'의 뜻도 있어요.

긴 머리의 노인을 본떠 긴 것을 나타낸 글자예요.

✦ 한자 어휘를 소리 내 읽어 보고 빈칸에 한자 어휘를 쓰세요.

長 수
목숨 壽

뜻 **길게** 오래도록 삶.

예문 할머니가 백 세까지 | 장 | 수 | 하셨으면 좋겠어요.

長 점
점 點

*이 어휘에서는 '낫다'의 뜻으로 써요.

뜻 **나은** 점. 좋거나 잘하거나 긍정적인 점. 반 단점

예문 나의 | | | 은 항상 정직하다는 거야.

長 녀
여자 女

*이 어휘에서는 '맏이'의 뜻으로 써요.

뜻 둘 이상의 딸 가운데 **맏이**가 되는 딸. 비 맏딸

예문 우리 엄마는 두 동생을 둔 | | | 입니다.

교 長
학교 校

*이 어휘에서는 '우두머리'의 뜻으로 써요.

뜻 초, 중, 고등학교에서 학교를 대표하는 **우두머리**.

예문 입학식 날 | | | 선생님의 훈화가 있다고 해요.

1 다음 글 안에 있는 한자의 뜻과 소리를 쓰세요.

> 등굣길에 교문 앞에서 교**長** 선생님이 학생들과 인사해요.

(뜻) _____

(소리) _____

2 빈칸에 들어갈 한자 어휘를 찾아 선을 이으세요.

(1) 국내 최고령 할머니의 [　　] 비결은 바로 산책이다. •

(2) 이번엔 긍정적인 점을 떠올려 나의 [　　]을/를 적어 봐. •

• ㉠ 장점

• ㉡ 장수

3 밑줄 친 부분의 뜻을 가진 한자 어휘에 ○ 하세요.

> 선우: 아빠, 난 동생들만 있으니 내가 첫째 맞죠?
>
> 아빠: 그래. 네가 가장 나이가 많으니 <u>맏이가 되는 딸</u>이란다.

장녀

— — — —

차녀

4 다음 한자 어휘 중 '長'이 쓰인 것에 ✓ 하세요.

[　] ① 대장정 ➡ 아주 먼 길을 가는 과정.

[　] ② 백일장 ➡ 국가나 단체에서 실시하는 글짓기 대회.

✦ 한자의 뜻과 소리를 읽어 보세요.

뜻　　소리

짧을　단

* '짧다'의 뜻이 있어요.
* '모자라다'의 뜻도 있어요.

오른쪽 아이가 입은 반바지처럼 짧은 것을 나타낸 글자예요.

✦ 한자 어휘를 소리 내 읽어 보고 빈칸에 한자 어휘를 쓰세요.

短 축
줄일 縮

뜻　시간이나 거리 등을 **짧게** 줄임.　반 연장

예문　오늘은 ☐☐ 수업입니다.

短 시 간
때 時　사이 間

뜻　**짧은** 시간.　반 장시간

예문　☐☐☐ 에 숙제를 끝냈어.

短 점
점 點

뜻　**모자라거나** 흠이 되는 점.　반 장점

예문　이 가방의 ☐☐ 은 너무 무겁다는 거야.

*이 어휘에서는 '모자라다'의 뜻으로 써요.

장 短
긴 長

뜻　길고 **짧음.** 좋은 점과 **모자란** 점.

예문　매미 소리를 자세히 들어 보면 ☐·☐ 이 있다.

*이 어휘에서는 '짧다', '모자라다'의 뜻으로 써요.

1 다음 글 안에 있는 한자의 뜻과 소리를 쓰세요.

주말에 하는 인기 영화 표가 **短**시간에 매진되었다.

뜻 _____

소리 _____

2 빈칸에 들어갈 한자 어휘를 <보기>에서 찾아 쓰세요.

보기

단축	단합	장단	단순

(1) 이 일을 해결할 두 가지 방법의 ( )을 비교해 보세요.

(2) 토요일부터 지하철이 ( ) 운행되오니 참고하시기 바랍니다.

3 밑줄 친 부분의 뜻을 가진 한자 어휘를 찾아 선을 이으세요.

생일 선물로 받은 휴대 전화는 원래 쓰던 것의 ①모자란 점을 채우고도 충분했다. 무엇보다도 ②짧은 시간 안에 충전이 다 된다는 점이 가장 마음에 들었다.

① •   • ㉠ 단점

② •   • ㉡ 단시간

도움말 다른 하나는 '끊을 단(斷)'을 써요.

4 다음 문장을 읽고 '短'이 쓰인 한자 어휘가 들어 있는 문장에 ✔ 하세요.

☐ ① 나는 긴 머리보다 단발이 더 잘 어울린다.

☐ ② 친구는 내 간절한 부탁을 단호히 거절했다.

✦ 한자의 뜻과 소리를 읽어 보세요.

(뜻) (소리)
강할 강

*'강하다'의 뜻이 있어요.

굳세거나 힘이 강한 것을 나타낸 글자예요.

✦ 한자 어휘를 소리 내 읽어 보고 빈칸에 한자 어휘를 쓰세요.

強 력
힘 力

(뜻) 힘이나 영향이 **강함**.

(예문) 이 약은 효과가 ☐☐ 해.

強 풍
바람 風

(뜻) **강하게** 부는 바람. (반) 미풍

(예문) 어젯밤 ☐☐ 에 나뭇가지가 부러졌어.

強 타
칠 打

(뜻) **강하게** 침. 태풍이나 파도 등이 **강하게** 들이침.

(예문) 김 선수는 상대 선수의 ☐☐ 를 맞고 쓰러졌다.

強 조
고를 調

(뜻) 어떤 부분을 특별히 **강하게** 주장하거나 두드러지게 함.

(예문) 실험실의 특별 ☐☐ 사항은 장난치지 않는 것이다.

1 다음 글 안에 있는 한자의 뜻과 소리를 쓰세요.

악어는 **強**력한 턱과 이빨을 가지고 있어요.

(뜻) _____

(소리) _____

2 빈칸에 들어갈 한자 어휘를 초성을 참고하여 쓰세요.

(1) 우리 눈은 잘못 다치면 쉽게 낫기 힘들어요. 그래서 아무리 안전을 ☐ 해도 부족하지 않아요.

ㄱ	ㅈ

(2) 집중 호우가 마을을 ☐ 하면서 산사태가 일어났다. 마을 곳곳이 흙더미로 가득 쌓이고 말았다.

ㄱ	ㅌ

3 밑줄 친 부분의 뜻을 가진 한자 어휘에 ○ 하세요.

지난 주말부터 태풍의 영향으로 바닷바람이 거세졌다. 강하게 부는 바람 때문에 파도가 높이 쳐서 우리가 타고 있던 배도 심하게 흔들렸다.

미풍

강풍

어휘추론!

도움말 다른 하나는 '강 강(江)'을 써요.

4 다음 글을 읽고 '強'이 쓰인 한자 어휘를 찾아 번호를 쓰세요. (   )

우리나라의 아름다운 ①강산을 지켜 나가기 위해서는 다양한 환경 보호 정책을 수립하고 이를 지속적으로 ②강화하는 노력이 필요합니다.

✦ 한자의 뜻과 소리를 읽어 보세요.

뜻 　 소리
약할 약

＊'약하다'의 뜻이 있어요.
＊'불리하다'의 뜻도 있어요.

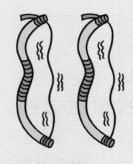

오래되어 약해진 활의 모습을 나타낸 글자예요.

✦ 한자 어휘를 소리 내 읽어 보고 빈칸에 한자 어휘를 쓰세요.

弱 자 사람 者

> 뜻 　 힘이나 세력이 **약한** 사람. **반** 강자
>
> 예문 　 사회적 [ ][ ]를 배려하는 사회가 되면 좋겠습니다.

弱 화 될 化

> 뜻 　 세력이나 힘이 **약해짐**, 또는 그렇게 되게 함. **반** 강화
>
> 예문 　 잦은 스마트폰 사용은 집중력 [ ][ ]를 초래한다.

허 弱 빌 虛

> 뜻 　 힘이나 기운이 없고 **약함**.
>
> 예문 　 시영이는 몸이 [ ][ ]해서 감기에 자주 걸려요.

弱 점 점 點

> 뜻 　 다른 사람에 비해 부족해서 **불리한** 점. **비** 단점
>
> 예문 　 친구의 [ ][ ]을 감싸 주는 사람이 되자.

＊이 어휘에서는 '불리하다'의 뜻으로 써요.

1 다음 글 안에 있는 한자의 뜻과 소리를 쓰세요.

> 허 **弱** 체질을 극복하기 위해 수영을 시작했어.

뜻 _____

소리 _____

2 빈칸에 공통으로 들어갈 한자 어휘에 ○ 하세요.

> • 선수들의 부상으로 팀의 전력이 [   ]되었다.
>
> • 바이러스로 인한 질병은 면역력이 [   ]되었을 때 생긴다.

강화
- - - - - - - -
약화

3 밑줄 친 부분의 뜻을 가진 한자 어휘를 찾아 선을 이으세요.

> 누구나 ①다른 사람에 비해 부족해서 불리한 점은 있기 마련이다. 당장 그렇지 않다고 해도 살다 보면 언제든 ②힘이나 세력이 약한 사람이 될 수 있다.

① •   • ㉠ 약자

② •   • ㉡ 약점

도움말 다른 하나는 '약 약(藥)'을 써요.

4 다음 문장을 읽고 '弱'이 쓰인 한자 어휘가 들어 있는 문장에 ✔ 하세요.

[ ] ① 이 약은 약효가 좋아서 감기가 금방 나았어요.

[ ] ② 악기를 연주할 때는 소리의 강약을 잘 조절해야 해.

✦ 한자의 뜻과 소리를 읽어 보세요.

뜻) 소리)

무거울 중

* '무겁다'의 뜻이 있어요.
* '귀하다, 심하다'의 뜻도 있어요.
* '거듭하다'의 뜻도 있어요.

무거운 짐을 진 사람의 모습을 나타낸 글자예요.

✦ 한자 어휘를 소리 내 읽어 보고 빈칸에 한자 어휘를 쓰세요.

체 重
몸 體

뜻) 몸의 **무게**. (비) 몸무게

예문) 오늘 병원에서 [ ][ ]을 쟀어요.

소 重
바 所

뜻) 매우 **귀중함**.

예문) 나 자신을 [ ][ ]하게 여겨야 해요.

* 이 어휘에서는 '귀하다'의 뜻으로 써요.

重 상
다칠 傷

뜻) **심하게** 다침, 또는 **심한** 부상. (반) 경상

예문) 교통사고가 크게 나 사람들이 [ ][ ]을 입었다.

* 이 어휘에서는 '심하다'의 뜻으로 써요.

重 복
겹칠 複

뜻) **거듭하거나** 겹침.

예문) 이건 앞에서 나온 내용이니까 [ ][ ]이야.

* 이 어휘에서는 '거듭하다'의 뜻으로 써요.

1 다음 글 안에 있는 한자의 뜻과 소리를 쓰세요.

수영장을 다니면서 체**重**이 오히려 늘어 버렸다.

뜻 _____

소리 _____

2 빈칸에 들어갈 한자 어휘에 ○ 하세요.

(1) 응급실에 [   ]을 입은 환자가 실려 왔어요.

중복	중상

(2) 엄마는 할머니가 주신 금반지를 [   ]히 여기신다.

소중	다중

3 밑줄 친 부분의 뜻을 가진 한자 어휘를 초성을 참고하여 쓰세요.

아빠와 김밥 집에 가서 참치 김밥 한 줄과 떡볶이를 시켰다. 그런데 참치 김밥이 두 줄이나 나왔다. 사장님께 여쭤보았더니 다른 주문과 <u>겹쳤</u>다며 미안하다고 하셨다.

ㅈ	ㅂ

어휘추론!

도움말 다른 하나는 '가운데 중(中)'을 써요.

4 다음 글을 읽고 '重'이 쓰인 한자 어휘를 찾아 번호를 쓰세요.   (   )

불국사와 석굴암은 우리나라의 ①<u>귀중</u>한 문화유산이다. 오랜 시간을 견디며 ②<u>중간</u>에 조금씩 훼손되기도 했지만 지금까지 잘 보존되어 있다.

1 다음 글 안에 있는 한자의 뜻과 소리를 쓰세요.

> 경민: 엄마, 내일 팔씨름 대회에서 석이랑 붙게 됐어요. 석이는 체**重**도 많이 나가고 힘이
> 세단 말이에요. 난 키도 작은데!
> 엄마: 상대가 **強**하다고 주눅 들거나 **弱**하다고 얕보면 안 돼. 스스로 **短**점보다는 **長**점에
> 집중해서 시합을 즐기고 오렴.

(1) **重** (   )   (2) **強** (   )

(3) **弱** (   )   (4) **短** (   )

(5) **長** (   )

2 <보기>의 글자 카드에서 알맞은 글자를 찾아 한자 어휘를 완성하세요.

보기

| 단 | 강 | 약 | 장 | 중 |

(1) 내일 새벽부터 [| 풍] 이 심하게 불 예정이니 조심하세요.
     ↳ **강하게** 부는 바람.

(2) 자전거를 탈 때 조심하지 않으면 [| 상] 을 입을 수 있어요.
     ↳ **심하게** 다침, 또는 **심한** 부상.

(3) 나는 책 읽는 것을 좋아해서 두꺼운 책도 [| 시 | 간] 에 읽어요.
     ↳ **짧은** 시간.

3 뜻풀이에 맞는 한자 어휘를 찾아 선을 이으세요.

(1) 매우 **귀중함**. •
(2) 길게 오래도록 삶. •
(3) 힘이나 영향이 **강함**. •
(4) 세력이나 힘이 **약해짐**. •

• ㉠ 강력
• ㉡ 소중
• ㉢ 약화
• ㉣ 장수

4 빈칸에 들어갈 한자 어휘를 <보기>에서 찾아 쓰세요.

보기

단축   교장   허약   강조

(1) 다음은 (   ) 선생님의 훈화 말씀이 이어집니다.

(2) 계단을 조금만 올라도 숨차하는 걸 보니 (   ) 체질이구나.

(3) 머리를 짧게 자르니까 머리를 말리는 시간이 꽤 (   )되었어.

5 다음 글을 읽고 밑줄 친 한자 어휘 중 '長'이 쓰인 것을 모두 찾아 쓰세요.

삼국지에 나오는 장수 관우는 장신에 길게 늘어뜨린 장발을 하고 있었다고 해. 관우는
무예에 뛰어나서 덩치가 큰 장정들도 관우와 싸워 이길 수 없었지.

(,   )

02 색

✦ 한자의 뜻과 소리를 읽어 보세요.

뜻 소리
푸를 청

* '푸르다'의 뜻이 있어요.
* '젊다'의 뜻도 있어요.

맑은 물과 돋아나는 새싹처럼 푸른 것을 나타낸 글자예요.

✦ 한자 어휘를 소리 내 읽어 보고 빈칸에 한자 어휘를 쓰세요.

靑 기
기 旗

뜻 **푸른** 빛깔의 기.

예문 청팀은 [|]를 들고 있어요.

靑 색
빛 色

뜻 맑은 하늘이나 바다처럼 밝고 선명한 **푸른색**.

예문 하늘을 [|] 물감으로 칠해 볼까?

靑 동
구리 銅

뜻 구리와 주석을 합쳐 만든 **푸른빛**을 띠는 금속.

예문 옛날에는 [|]으로 거울을 만들었다.

靑 년
해 年

뜻 육체적으로나 정신적으로 다 자란 **젊은** 사람. 🔴 노인

예문 이건 아버지의 스무 살 [|] 시절 사진이란다.

*이 어휘에서는 '젊다'의 뜻으로 써요.

1 다음 글 안에 있는 한자의 뜻과 소리를 쓰세요.

青기가 바람에 펄럭입니다.

뜻 _____

소리 _____

2 빈칸에 들어갈 한자 어휘를 찾아 선을 이으세요.

(1) 담벼락의 색이 맑은 하늘 같은 ☐이네. •

• ㉠ 청동

(2) 이탈리아에는 ☐으로 만든 푸른 동상이 많다. •

• ㉡ 청색

3 퀴즈을 읽고 알맞은 답을 쓰세요.

나는 누구일까요?

힌트 1. 육체적으로나 정신적으로 다 자란 사람이에요.

힌트 2. 대개 이십 대 전후의 젊은 사람을 뜻해요.

(   )

어휘추론!

4 다음 한자 어휘 중 '青'이 쓰인 것에 ✓ 하세요.

☐ ① 청산 ➡ 풀과 나무가 우거져 있는 푸른 산.

☐ ② 청소 ➡ 더럽고 지저분한 것을 깨끗하게 치움.

✦ 한자의 뜻과 소리를 읽어 보세요.

 뜻   소리

흰   백

* '희다'의 뜻이 있어요.
* '밝다'의 뜻도 있어요.

양털처럼 희고 깨끗한 빛깔을 나타낸 글자예요.

✦ 한자 어휘를 소리 내 읽어 보고 빈칸에 한자 어휘를 쓰세요.

白 기
기 旗

뜻 **흰** 빛깔의 기. 항복의 표시로 쓰는 **흰** 기.

예문 백팀은 ☐☐ 를 들고 있다.

白 지
종이 紙

뜻 **흰** 빛깔의 종이. 아무것도 쓰지 않은 종이.

예문 ☐☐ 에 낙서를 했어요.

白 미
쌀 米

뜻 깨끗하고 **희게** 찧은 쌀.

예문 ☐☐ 로 밥을 지었어요.

白 야
밤 夜

뜻 **밝은** 밤. 밤이 되어도 어두워지지 않는 현상.

예문 사람들은 ☐☐ 현상 때문에 밤이 깊은 줄도 몰랐다.

*이 어휘에서는 '밝다'의 뜻으로 써요.

1 다음 글 안에 있는 한자의 뜻과 소리를 쓰세요.

이번 시합은 너무 어려워서 白기를 들 수밖에 없었어.

뜻 _____

소리 _____

2 빈칸에 들어갈 한자 어휘를 초성을 참고하여 쓰세요.

스웨덴, 핀란드 같은 북유럽 나라는 [   ] 현상이 일어나요. 이것은 밤이 되어도 어두워지지 않고 계속 밝은 현상을 말해요.

| ㅂ | ㅇ |

3 밑줄 친 부분의 뜻을 가진 한자 어휘에 ○ 하세요.

(1) 우리 가족은 깨끗하고 희게 찧은 쌀로 지은 밥보다 곡식을 섞어 지은 잡곡밥을 좋아한다.

| 백미 | 흑미 |

(2) 시험 시간이 되자 선생님께서 모두 책을 서랍에 넣고 흰 빛깔의 종이를 꺼내라고 하셨다.

| 색지 | 백지 |

도움말 다른 하나는 '일백 백(百)'을 써요.

4 다음 문장을 읽고 '白'이 쓰인 한자 어휘가 들어 있는 문장에 ✔ 하세요.

[ ] ① 엄마와 백화점에 가서 운동화를 샀어요.

[ ] ② 우리 할아버지는 육십 세부터 백발이 되셨대요.

✦ 한자의 뜻과 소리를 읽어 보세요.

뜻   소리
누를 황

* '누렇다'의 뜻이 있어요.

아빠와 아이가 칠하고 있는 빛깔처럼 황금 같은 색을 나타낸 글자예요.

✦ 한자 어휘를 소리 내 읽어 보고 빈칸에 한자 어휘를 쓰세요.

黃金
쇠 金

뜻 **누런**빛의 금. 돈이나 귀중하고 가치가 있는 것.

예문 ☐☐ 이 숨겨진 보물섬을 찾아라!

黃沙
모래 沙

뜻 **누런** 모래. 중국의 모래가 한국에 날아오는 현상.

예문 ☐☐ 가 심하니까 마스크를 쓰렴.

黃土
흙 土

뜻 **누렇고** 거무스름한 흙.

예문 할아버지는 ☐☐ 로 직접 집을 지으셨다.

黃색
빛 色

뜻 익은 벼의 빛깔처럼 어둡고 탁한 **누런색**.

예문 신호등의 ☐☐ 신호는 빨간불을 미리 예고한다.

1 다음 글 안에 있는 한자의 뜻과 소리를 쓰세요.

> 黃금 보기를 돌같이 하라.

뜻 _____

소리 _____

2 다음 중 색이 황색인 것을 고르세요.   (   )

①    ②   ③

3 밑줄 친 부분의 뜻을 가진 한자 어휘를 찾아 선을 이으세요.

(1) | 누런 모래가 불어와서 하늘이 뿌옇다. | •   • ㉠ | 황토 |

(2) | 비가 내려서 누렇고 거무스름한 흙 바닥이 미끄러워. | •   • ㉡ | 황사 |

도움말 다른 하나는 '상황 황(況)'을 써요.

4 다음 글을 읽고 '黃'이 쓰인 한자 어휘를 찾아 번호를 쓰세요.   (   )

> 노란 빛깔의 ①황도는 복숭아의 한 종류야. 비슷한 과일인 살구보다 훨씬 더 달고 맛있지. 올해는 비가 적게 내리고 햇빛 드는 날이 많아서 황도 ②작황이 좋았다고 해.

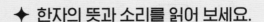

월   일

✦ 한자의 뜻과 소리를 읽어 보세요.

綠

뜻 · 소리
푸를 록(녹)

*'록'은 맨 앞에 오면 '녹'으로 읽고 써요

풀과 나무의 초록빛 같은 푸른색을 나타낸 글자예요.

✦ 한자 어휘를 소리 내 읽어 보고 빈칸에 한자 어휘를 쓰세요.

綠 음
그늘 陰

> 뜻 **푸른** 잎이 우거진 나무나 수풀, 또는 나무의 그늘.
>
> 예문 숲에 벌써 ☐☐ 이 우거졌구나.

綠 차
차 茶

> 뜻 차나무의 잎을 **푸르게** 말린 찻잎, 또는 그 잎으로 만든 차.
>
> 예문 방금 우린 ☐☐ 를 마셔 보세요.

초 綠
풀 草

> 뜻 파랑과 노랑의 중간색으로 **푸른**빛을 띠는 색.
>
> 예문 은행나무에 다시 ☐☐ 빛 나뭇잎이 돋았어요.

엽 綠 소
잎 葉 · 본디 素

> 뜻 빛 에너지를 화학 에너지로 바꾸는 **푸른** 색소.
>
> 예문 모든 식물엔 ☐☐☐ 가 있지.

1 다음 글 안에 있는 한자의 뜻과 소리를 쓰세요.

초緣 불이 켜지면 길을 건너요.

뜻 _____

소리 _____

2 빈칸에 공통으로 들어갈 한자 어휘에 ○ 하세요.

- 여름에는 [　　　]이 짙게 우거져 푸릇푸릇하다.
- 물감으로 울창한 숲의 [　　　]을 잘 표현했구나.

녹음

청음

3 밑줄 친 부분의 뜻을 가진 한자 어휘를 찾아 선을 이으세요.

①차나무의 잎을 푸르게 말린 찻잎을 따뜻한 물에 우리면 초록빛을 띠어요. 잎에 ②빛 에너지를 화학 에너지로 바꾸는 푸른 색소가 들어 있기 때문이에요.

① •　　　• ㉠ 녹차

② •　　　• ㉡ 엽록소

도움말 다른 하나는 '기록할 록(錄)'을 써요.

4 다음 문장을 읽고 '綠'이 쓰인 한자 어휘가 들어 있는 문장에 ✓ 하세요.

[　] ① 소나무는 사시사철 푸른 상록수야.

[　] ② 입구에 있는 방명록에 이름을 남겨 주세요.

월   일

✦ 한자의 뜻과 소리를 읽어 보세요.

뜻 소리
빛 색

* '색, 빛깔'의 뜻이 있어요.

물감의 여러 가지 빛깔처럼 색을 나타낸 글자예요.

✦ 한자 어휘를 소리 내 읽어 보고 빈칸에 한자 어휘를 쓰세요.

色 감
느낄 感

> 뜻 **색**에서 받는 느낌.
>
> 예문 이 옷은 편하기도 하고 [   ][   ]도 좋다.

안 色
낯 顔

> 뜻 얼굴에 나타나는 표정이나 **빛깔**.
>
> 예문 소이가 배탈이 나서 [   ][   ]이 안 좋다.

변 色
변할 變

> 뜻 **빛깔**이 변하여 달라짐, 또는 **빛깔**을 바꿈.
>
> 예문 내 겨울 바지가 [   ][   ]되어 입을 수 없었다.

염 色
물들 染

> 뜻 천이나 실, 머리카락 등을 다른 **색깔**로 물들임.
>
> 예문 할머니는 흰머리를 [   ][   ]하셨어요.

1 다음 글 안에 있는 한자의 뜻과 소리를 쓰세요.

이 옷은 천연 염**色**을 했으니 안심하고 입으세요.

(뜻) _____

(소리) _____

2 빈칸에 들어갈 한자 어휘를 찾아 선을 이으세요.

(1) 고등어가 상했는지 껍질이 [   ]되었어요. •

(2) 이 그림은 노란색을 주로 써서 [   ]이 따뜻해 보여요. •

• ㉠ 색감

• ㉡ 변색

3 밑줄 친 부분의 뜻을 가진 한자 어휘에 ○ 하세요.

아빠는 할머니가 입원하셨다는 소식을 듣고 걱정이 되셨는지 얼굴 빛깔이 눈에 띄게 어두워졌다.

안색

안광

도움말 다른 하나는 '막힐 색(塞)'을 써요.

4 다음 문장을 읽고 '色'이 쓰인 한자 어휘가 들어 있는 문장에 ✔ 하세요.

[ ] ① 나는 모르는 사람과 같이 있으면 어색해요.

[ ] ② 오늘은 스케치를 마치고 색칠을 시작할 거예요.

1 다음 글 안에 있는 한자의 뜻과 소리를 쓰세요.

> 우리 학교는 綠음이 우거지기 시작하는 5월에 체육 대회를 한다. 체육 대회 날이 되면 靑기를 든 홀수 반과 白기를 든 짝수 반으로 나누어 여러 가지 경기를 한다. 올해는 黃사가 심해서 취소될 뻔했는데, 그때 우리들이 안色을 붉히며 반대를 해서 그대로 진행할 수 있었다.

(1) 綠 (   )   (2) 靑 (   )

(3) 白 (   )   (4) 黃 (   )

(5) 色 (   )

2 다음 뜻과 예문에 맞는 한자 어휘를 글자판에서 찾아 묶으세요.

① **뜻** 색에서 받는 느낌.
   예문 이 디자이너가 만든 옷은 ○○이 예뻐.

② **뜻** 누런빛의 금.
   예문 ○○빛의 금메달을 수상했다.

③ **뜻** 차나무의 잎을 **푸르게** 말린 찻잎, 또는 그 잎으로 만든 차.
   예문 여름엔 시원한 ○○를 마셔요.

④ **뜻** **흰** 빛깔의 종이. 아무것도 쓰지 않은 종이.
   예문 유미는 답안지를 ○○로 냈다.

⑤ **뜻** 육체적으로나 정신적으로 다 자란 **젊은** 사람.
   예문 이 복지 혜택은 19~34세 사이의 ○○을 대상으로 합니다.

청	색	감	백
년	안	록	지
황	동	녹	차
금	화	색	청

3 다음 한자 어휘의 알맞은 뜻에 ○ 하세요.

(1) | 황색 | 익은 벼의 빛깔처럼 어둡고 탁한 (흰 , 누런)색.

(2) | 청동 | 구리와 주석을 합쳐 만든 (푸른빛 , 붉은빛)을 띠는 금속.

(3) | 백야 | (밝은 , 더운) 밤. 밤이 되어도 어두워지지 않는 현상.

4 빈칸에 들어갈 한자 어휘를 <보기>에서 찾아 쓰세요.

<보기>
염색   황토   청색   백기

(1) 어른이 되면 금발로 (   )을/를 해 보고 싶어요.

(2) 동해 바다는 수심이 깊어서 짙은 (   )(으)로 보여요.

(3) 찜질방 벽에 (   )을/를 발라서 은은한 향이 나는구나.

5 다음 글을 읽고 밑줄 친 한자 어휘 중 '綠'이 쓰인 것을 모두 찾아 쓰세요.

식물은 <u>초록</u> 빛깔의 <u>엽록소</u> 덕분에 햇빛을 양분으로 삼아 자랄 수 있다고 한다. 우리 조는 실험으로 이를 알아보기 위해 새싹을 햇빛에 놓아 두었다. 그리고 매일 새싹이 변화하는 과정을 사진으로 <u>기록</u>하여 관찰 일지를 썼다.

(,   )

03 신체·1

✦ 한자의 뜻과 소리를 읽어 보세요.

뜻   소리

눈   목

* '눈, 보다'의 뜻이 있어요.
* '항목'의 뜻도 있어요.

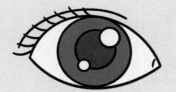

사람의 눈 모양을 본떠 세로로 나타낸 글자예요.

✦ 한자 어휘를 소리 내 읽어 보고 빈칸에 한자 어휘를 쓰세요.

目 격
칠 擊

뜻 **눈**으로 직접 봄.

예문 사건을 직접 ☐☐ 하신 분은 이 번호로 제보해 주세요.

주 目
부을 注

뜻 관심을 가지고 주의 깊게 **봄**, 또는 그 시선.

예문 나는 키가 커서 어디서든 ☐☐ 을 받는다.

종 目
씨 種

뜻 여러 가지 종류에 따라 나눈 **항목**.

예문 육상 ☐☐ 에는 달리기, 높이뛰기 등이 있다.

* 이 어휘에서는 '항목'의 뜻으로 써요.

目 차
버금 次

뜻 글이나 책에서 여러 제목이나 **항목**을 순서대로 늘어놓은 목록.

예문 책의 ☐☐ 를 보고 필요한 부분을 찾았다.

* 이 어휘에서는 '항목'의 뜻으로 써요.

1   다음 글 안에 있는 한자의 뜻과 소리를 쓰세요.

> 사람들은 다음 달에 나올 영화에 주目하고 있다.

(뜻) _____

(소리) _____

2   빈칸에 들어갈 한자 어휘를 <보기>에서 찾아 쓰세요.

보기			
목격	목조	주목	종목

(1)   안 선수는 양궁의 세 개 (   )에서 금메달을 획득했다.

(2)   교통사고 현장을 아빠가 가장 먼저 (   )을/를 했다고 해.

3   다음 한자 어휘의 알맞은 뜻에 ○ 하세요.

(1)	주목	관심을 가지고 주의 깊게 (봄 , 들음).

(2)	목차	글이나 책에서 여러 제목이나 (항목 , 대목)을 순서대로 늘어놓은 목록.

도움말 다른 하나는 '나무 목(木)'을 써요.

4   다음 문장을 읽고 '目'이 쓰인 한자 어휘가 들어 있는 문장에 ✔ 하세요.

[ ] ① 식목일에 가족과 함께 앞마당에 묘목을 심었어.

[ ] ② 선생님께서 방학 때 읽으면 좋은 책의 목록을 나누어 주셨어.

✦ 한자의 뜻과 소리를 읽어 보세요.

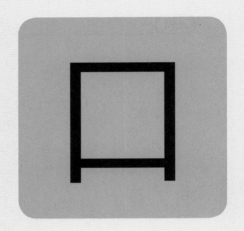

뜻   소리

입   구

* '입, 말, 사람'의 뜻이 있어요.
* '문'의 뜻도 있어요.

사람이 말하는 입 모양을 본떠 입이나 말을 나타낸 글자예요.

✦ 한자 어휘를 소리 내 읽어 보고 빈칸에 한자 어휘를 쓰세요.

口 호
이름 號

뜻   요구나 주장, 생각 등을 나타내는 짧은 **말**이나 글.

예문   체육 대회 응원 [   ] 를 정하고 있어요.

口 전
전할 傳

뜻   **말**로 전하여 내려옴, 또는 **말**로 전함.

예문   「호랑이와 곶감」은 우리나라의 [   ] 동화이다.

식 口
밥/먹을 食

뜻   한집에서 함께 살며 끼니를 먹는 **사람**.

예문   우리 집 [   ] 는 모두 다섯 명이에요.

입 口
들 入

뜻   안으로 들어갈 수 있는 **문**이나 통로.

예문   학교 앞 문구점 [   ] 에서 만나자.

* 이 어휘에서는 '문'의 뜻으로 써요.

1 다음 글 안에 있는 한자의 뜻과 소리를 쓰세요.

□호 시작!

3반 이겨라! 3반 이겨라!

(뜻) _____

(소리) _____

2 빈칸에 공통으로 들어갈 한자 어휘에 ○ 하세요.

• 「아리랑」은 우리나라의 [   ] 민요이다.

• 이 이야기는 본래 [   ] (으)로 전해졌다.

식구
구전

3 다음 뜻을 가진 한자 어휘를 초성을 참고하여 쓰세요.

(1) 안으로 들어갈 수 있는 문이나 통로. ㅇ ㄱ

(2) 한집에서 함께 살며 끼니를 먹는 사람. ㅅ ㄱ

어휘추론!

4 다음 한자 어휘 중 '口'가 쓰인 것에 ✔ 하세요.

[ ] ① 구직 ➡ 일자리를 구함.

[ ] ② 출구 ➡ 밖으로 나가는 문이나 통로.

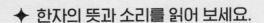

월   일

✦ 한자의 뜻과 소리를 읽어 보세요.

뜻 낯 소리 면

* '낯'의 뜻이 있어요. '낯'은 '얼굴'을 이르는 말이에요.
* 평평한 '면'의 뜻도 있어요.

사람의 얼굴을 본떠 겉모습이나 표정을 나타낸 글자예요.

✦ 한자 어휘를 소리 내 읽어 보고 빈칸에 한자 어휘를 쓰세요.

面 담
말씀 談

뜻 서로 만나서 **얼굴**을 대하고 이야기함.

예문 고민이 있어 선생님께 ☐☐ 을 요청했다.

가 面
거짓 假

뜻 **얼굴**을 감추거나 다르게 꾸미기 위해 얼굴에 쓰는 물건.

예문 토끼 ☐☐ 을 쓰고 연극을 했어요.

세 面
씻을 洗

뜻 물로 손이나 **얼굴**을 씻음. 비 세수

예문 여행 가방에 ☐☐ 도구를 챙겼어요.

양 面
두 兩

뜻 사물의 두 **면**.

예문 내일 준비물은 ☐☐ 색종이예요.

* 이 어휘에서는 '면'의 뜻으로 써요.

1 다음 글 안에 있는 한자의 뜻과 소리를 쓰세요.

> 민아의 생일 파티에서 모두 가**面**을 쓰기로 했어요.

(뜻) _____

(소리) _____

2 빈칸에 들어갈 한자 어휘를 글자 카드에서 찾아 만들어 쓰세요.

(1) 화장실 (   )대에 비누가 없어요.

세 | 가 | 면

(2) 어제 선생님과 (   )을/를 했어요.

담 | 양 | 면

3 밑줄 친 부분의 뜻을 가진 한자 어휘를 초성을 참고하여 쓰세요.

> 시험 문제가 시험지 두 면에 모두 있어요. 앞면을 다 푼 사람은 시험지
> 를 뒤집어 뒷면도 풀어 주세요.

ㅇ | ㅁ

도움말 다른 하나는 '잘 면(眠)'을 써요.

4 다음 문장을 읽고 '面'이 쓰인 한자 어휘가 들어 있는 문장에 ✔ 하세요.

☐ ① 귤껍질의 표면은 울퉁불퉁해요.

☐ ② 수면 시간이 부족하면 건강에 좋지 않아요.

✦ 한자의 뜻과 소리를 읽어 보세요.

뜻 | 소리

손 수

* '손'의 뜻이 있어요.
* '재주를 가진 사람'의 뜻도 있어요.

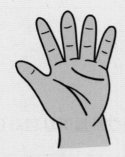

사람의 손 모양을 본떠 손이나 재주를
나타낸 글자예요.

✦ 한자 어휘를 소리 내 읽어 보고 빈칸에 한자 어휘를 쓰세요.

手 동
움직일 動

뜻 기계 따위를 직접 **손**의 힘만으로 움직임.   **반** 자동

예문 이 장난감은 [   ][   ]으로 움직여요.

手 제
지을 製

뜻 **손**으로 만듦, 또는 **손**으로 만든 제품.

예문 우리 동네에 [   ][   ] 마카롱집이 생겼어요.

박 手
칠 拍

뜻 두 **손뼉**을 마주침.

예문 우리는 노래에 맞춰 [   ][   ]를 쳤어요.

가 手
노래 歌

뜻 노래 부르는 일이 직업인 **사람**.

예문 텔레비전에 내가 가장 좋아하는 [   ][   ]가 나와요.

* 이 어휘에서는 '재주를 가진 사람'의 뜻으로 써요.

1 다음 글 안에 있는 한자의 뜻과 소리를 쓰세요.

사람들은 피아니스트에게 박**手**를 보냈어요.

뜻 _____

소리 _____

2 빈칸에 공통으로 들어갈 한자 어휘에 ○ 하세요.

무대에 유명한 [   ]가 나오자 모두 환호했어요.
그 [   ]는 노래를 아주 잘 불렀어요.

가수
- - - - - - -
박수

3 밑줄 친 부분의 뜻을 가진 한자 어휘를 찾아 선을 이으세요.

(1) 리어카는 손의 힘만으로 직접 움직여야 해요.   •   • ㉠ 수동

(2) 내가 손으로 만든 비누를 엄마에게 자랑했어요.   •   • ㉡ 수제

어휘추론!

도움말 다른 하나는 '물 수(水)'를 써요.

4 다음 글을 읽고 '手'가 쓰인 한자 어휘를 찾아 번호를 쓰세요.   (   )

①수영장 탈의실 바닥에 물기가 있으면 미끄러워요. 그래서 탈의실을 돌아다닐 땐 바닥에 물이 묻지 않도록 ②수건으로 몸의 물기를 잘 닦아 주어야 해요.

✦ 한자의 뜻과 소리를 읽어 보세요.

뜻   소리
발   **족**

* '발'의 뜻이 있어요.
* '넉넉하다'의 뜻도 있어요.

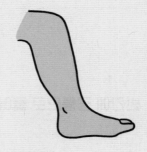

무릎 아래 발 모양을 본떠 발을 나타낸 글자예요.

✦ 한자 어휘를 소리 내 읽어 보고 빈칸에 한자 어휘를 쓰세요.

足 구
공 球

뜻   **발**로 공을 차서 네트를 넘겨 승부를 겨루는 경기.

예문   아빠가 [ ][ ] 규칙을 알려 주셨어요.

수 足
손 手

뜻   손과 **발**. 손이나 **발**처럼 마음대로 부리는 사람.

예문   내 동생은 [ ][ ] 에 땀이 많이 나요.

부 足
아닐 不

뜻   필요한 양이나 기준에 미치지 못해 **넉넉하지** 않음.

예문   반찬에 비해 밥의 양이 [ ][ ] 해요.

* 이 어휘에서는 '넉넉하다'의 뜻으로 써요.

만 足
찰 滿

뜻   모자람 없이 **넉넉하거나** 마음에 듦.   🔄 불만족

예문   나는 학교 생활에 [ ][ ] 해요.

* 이 어휘에서는 '넉넉하다'의 뜻으로 써요.

1 다음 글 안에 있는 한자의 뜻과 소리를 쓰세요.

足구는 배구와 규칙이 비슷해요.

뜻 _____

소리 _____

2 빈칸에 들어갈 한자 어휘를 <보기>에서 찾아 쓰세요.

보기

	부족	수족	족구	만족

(1) 동생은 내가 준 선물에 충분히 (　　　　　)한 듯하다.

(2) 아픈 엄마를 위해 오늘은 우리가 엄마의 (　　　　　)이/가 되기로 했다.

3 밑줄 친 부분의 뜻을 가진 한자 어휘에 ○ 하세요.

(1) 빵이 넉넉하지 않아 친구들과 조금씩 나눠 먹었어요.

부족	풍족

(2) 이번 어린이날 선물은 모자람 없이 마음에 들어요.

수족	만족

어휘추론!

도움말 다른 하나는 '겨레 족(族)'을 써요.

4 다음 글을 읽고 '足'이 쓰인 한자 어휘를 찾아 번호를 쓰세요.　(　　　)

이번 주말에는 ①가족들과 이모 집에 가기로 했어요. 이모 집에는 늘 간식과 과일이 ②풍족하게 있어서 좋아요. 이모네 강아지와 노는 것도 재미있어요.

1 다음 글 안에 있는 한자의 뜻과 소리를 쓰세요.

> 오늘 4교시 체육 시간에 **足**구를 했다. 나의 뛰어난 실력에 아이들이 모두 나를 주**目**했다. 우리 반을 승리로 이끌어 뿌듯했다. 점심을 먹기 전, 뛰어다니느라 땀을 많이 흘려서 화장실 세**面**대에서 세**手**를 했다. 점심 시간이 되어 급식실로 달려갔을 때는 이미 입**口**에서부터 길게 줄이 늘어서 있었다.

(1) **足** (   )   (2) **目** (   )

(3) **面** (   )   (4) **手** (   )

(5) **口** (   )

2 다음 뜻과 예문에 맞는 한자 어휘를 초성을 참고하여 쓰세요.

(1)

ㅁ	ㅈ

> 뜻 모자람 없이 **넉넉하거나** 마음에 듦.
> 예문 새로 산 필통 색깔이 예뻐서 ○○스럽다.

(2)

ㅈ	ㅁ

> 뜻 여러 가지 종류에 따라 나눈 **항목**.
> 예문 내가 가장 자신 있는 운동 ○○은 오래달리기야.

(3)

ㅇ	ㄱ

> 뜻 안으로 들어갈 수 있는 **문**이나 통로.
> 예문 그럼 한 시간 뒤에 아파트 ○○에서 만나자.

(4)

ㅅ	ㅈ

> 뜻 **손**으로 만듦, 또는 **손**으로 만든 제품.
> 예문 이곳에서 파는 쿠키는 모두 ○○입니다.

(5)

ㄱ	ㅁ

> 뜻 **얼굴**을 감추거나 다르게 꾸미기 위해 얼굴에 쓰는 물건.
> 예문 동생이 유치원에서 여우 ○○을 만들어 왔어요.

3 가로 열쇠, 세로 열쇠를 풀어 낱말 퍼즐을 완성하세요.

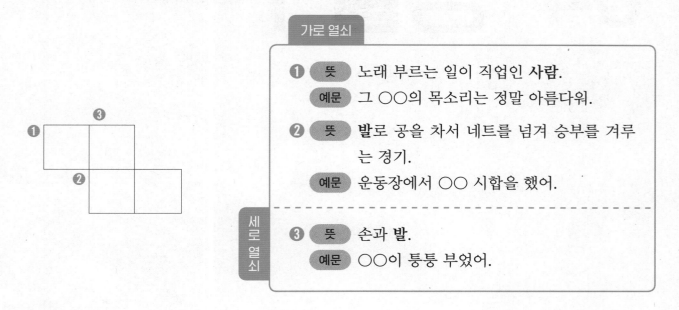

가로 열쇠

❶ 뜻 노래 부르는 일이 직업인 **사람**.
예문 그 ○○의 목소리는 정말 아름다워.

❷ 뜻 **발**로 공을 차서 네트를 넘겨 승부를 겨루는 경기.
예문 운동장에서 ○○ 시합을 했어.

세로 열쇠

❸ 뜻 손과 **발**.
예문 ○○이 퉁퉁 부었어.

4 빈칸에 들어갈 한자 어휘를 <보기>에서 찾아 쓰세요.

보기

부족   양면   구전   목격

(1) 이 복사기는 (   ) 인쇄도 할 수 있어.

(2) 우렁이 각시 이야기는 입에서 입으로 전해 내려온 (   ) 설화야.

(3) 일주일 정도 화분에 물을 못 줬더니 수분이 (   )했나 봐. 잎이 다 말랐네.

5 다음 글을 읽고 밑줄 친 한자 어휘 중 '手'가 쓰인 것을 찾아 쓰세요.

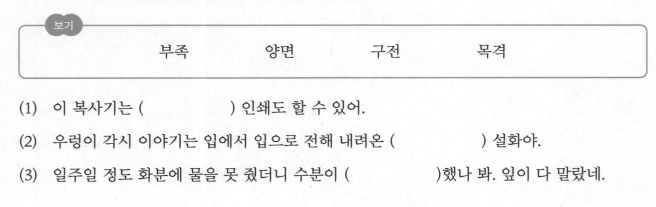

오늘 우리 반에서 회장 선거를 했다. 후보자들이 한 명씩 나와서 공약을 발표했다. 투표는 거수로 이루어졌고, 대다수가 그동안 우리를 위해 솔선수범한 준이를 뽑았다. 회장이 된 소감과 앞으로의 다짐을 발표한 준이는 모두의 박수를 받았다.

(,   )

04 생활·1

월   일

✦ 한자의 뜻과 소리를 읽어 보세요.

뜻 소리
밥/먹을 **식**

*'식사, 음식'의 뜻이 있어요.

음식을 담은 밥그릇의 모양을 본뜬 글자예요.

✦ 한자 어휘를 소리 내 읽어 보고 빈칸에 한자 어휘를 쓰세요.

 급 食
줄 給

> 뜻 **식사**를 줌, 또는 그 **식사**. 비 배식
>
> 예문 오늘 [ ][ ] 메뉴는 불고기와 미역국이야.

외 食
바깥 外

> 뜻 **음식**을 집 밖에서 사 먹음, 또는 그 식사.
>
> 예문 부모님 결혼 기념일에 [ ][ ] 을 했어요.

간 食
사이 間

> 뜻 끼니와 끼니 사이에 간단히 먹는 **음식**.
>
> 예문 집에 오자마자 [ ][ ] 으로 과자를 먹었다.

편 食
치우칠 偏

> 뜻 먹고 싶은 **음식**만 가려서 먹음.
>
> 예문 음식을 골고루 먹어야지 [ ][ ] 을 하면 안 돼.

1 다음 글 안에 있는 한자의 뜻과 소리를 쓰세요.

급**食**실에서 식판을 들고 장난치지 마세요.

뜻 _____

소리 _____

2 빈칸에 들어갈 한자 어휘를 <보기>에서 찾아 쓰세요.

보기

숙식	외식	간식	석식

(1) 우리 가족은 주말에 가끔 (   )을 나가요.

(2) 저녁을 먹기 전에 (   )으로 샌드위치를 만들어 먹었어요.

3 밑줄 친 부분의 뜻을 가진 한자 어휘에 ○ 하세요.

먹고 싶은 음식만 가려서 먹는 것은 건강에 좋지 않아요. 우리 몸에 필요한 다양한 영양소를 충분히 얻지 못할 수 있기 때문이에요.

편식
⸺⸺⸺
소식

어휘추론!

도움말 다른 하나는 '꾸밀 식(飾)'을 써요.

4 다음 문장을 읽고 '食'이 쓰인 한자 어휘가 들어 있는 문장에 ✔ 하세요.

☐ ① 동생이 상한 음식을 먹고 <u>식중독</u>에 걸렸어요.

☐ ② 우리나라의 전통 <u>복식</u>인 한복에 대해 배워 봅시다.

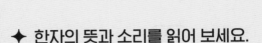
✦ 한자의 뜻과 소리를 읽어 보세요.

뜻 소리
마실 음

＊'마시다, 음식'의 뜻이 있어요.

사람이 입을 벌려 마시는 것을 나타낸 글자예요.

✦ 한자 어휘를 소리 내 읽어 보고 빈칸에 한자 어휘를 쓰세요.

 식
밥/먹을 食

> 뜻 사람이 먹고 **마시는** 것.
>
> 예문 ☐☐ 을 남기지 말고 먹으렴.

시
시험 試

> 뜻 술이나 음료수 등의 맛을 알기 위해 조금 **마셔** 보는 일.
>
> 예문 새로 나온 주스를 ☐☐ 해 봤는데 맛있더라.

미
쌀 米

> 뜻 쌀에 물을 충분히 붓고 푹 끓여 체에 걸러 낸 **음식**.
>
> 예문 배탈이 나서 ☐☐ 을 먹었다.

 료 수
헤아릴 料   물 水

> 뜻 갈증을 풀거나 맛을 즐기기 위해 **마시는** 액체.
>
> 예문 목이 말라 ☐☐☐ 를 마셨어요.

1 다음 글 안에 있는 한자의 뜻과 소리를 쓰세요.

새로 나온 **飮**료수를 마셔 보세요!

뜻 _____

소리 _____

2 빈칸에 들어갈 한자 어휘에 ○ 하세요.

(1) 마트에 우유 [   ] 행사가 열렸어요.

| 시음 | 시도 |

(2) 몸살이 나서 며칠간 [   ]만 먹었더니 배가 고프다.

| 미식 | 미음 |

3 밑줄 친 부분의 뜻을 가진 한자 어휘를 초성을 참고하여 쓰세요.

(1) 우리가 <u>먹거나 마시는 것</u>은 우리의 건강 상태에 영향을 준다.

| ㅇ | ㅅ |

(2) 갈증을 풀거나 맛을 즐기기 위해 <u>마시는 것</u> 중에선 사이다를 좋아해.

| ㅇ | ㄹ | ㅅ |

도움말 다른 하나는 '소리 음(音)'을 써요.

4 다음 한자 어휘 중 '飮'이 쓰인 것에 ✔ 하세요.

[ ] ① 음용 ➡ 마시는 데 씀, 또는 그런 것.

[ ] ② 음치 ➡ 음을 제대로 분별하거나 소리 내지 못하는 사람.

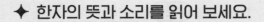

월   일

✦ 한자의 뜻과 소리를 읽어 보세요.

뜻   소리

일   사

* '일'의 뜻이 있어요.

사람이 손을 움직여 일하는 모습을 나타낸 글자예요.

✦ 한자 어휘를 소리 내 읽어 보고 빈칸에 한자 어휘를 쓰세요.

事실
열매 實

뜻 실제로 있었던 **일**이나 현재 일어나고 있는 일.

예문 내가 일 등을 했다는 ☐☐ 이 믿기지 않아.

경 事
경사 慶

뜻 축하할 만한 기쁜 **일**.

예문 오빠가 대학에 합격하는 ☐☐ 가 났다.

농 事
농사 農

뜻 곡식이나 채소 등을 심고 기르고 거두는 **일**.

예문 우리 아빠는 딸기 ☐☐ 를 지으신다.

만 事
일만 萬

뜻 여러 가지 온갖 **일**.

예문 엄마는 ☐☐ 를 제쳐 놓고 아픈 나를 돌보셨다.

1 다음 글 안에 있는 한자의 뜻과 소리를 쓰세요.

나는 친구와 싸운 일을 선생님께 **事**실대로 말했다.

(뜻) _____

(소리) _____

2 빈칸에 공통으로 들어갈 한자 어휘에 ○ 하세요.

삼촌은 시골에서 배추 [ ] 를 지으신다. 직접 [ ] 지은 삼촌의 배추는 정말 맛있다.

농부
- - - - - - - - -
농사

3 밑줄 친 부분의 뜻을 가진 한자 어휘를 찾아 선을 이으세요.

며칠 전 사촌 동생이 태어났다는 소식에 온 가족이 모두 모였어요. 할머니는 집안에 ①축하할 만한 기쁜 일이 생겼다면서 ②모든 일에 감사하다고 하셨어요.

① •   • ㉠   만사

② •   • ㉡   경사

도움말 다른 하나는 '사례할 사(謝)'를 써요.

4 다음 문장을 읽고 '事'가 쓰인 한자 어휘가 들어 있는 문장에 ✓ 하세요.

[ ] ① 나는 친구의 진심 어린 사과를 받아 줬어요.

[ ] ② 친구가 급한 사정이 생겨 약속이 취소되었어요.

✦ 한자의 뜻과 소리를 읽어 보세요.

業

뜻 업   소리 업

* '업(직업), 일'의 뜻이 있어요.

여러 일과 직업을 나타낸 글자예요.

✦ 한자 어휘를 소리 내 읽어 보고 빈칸에 한자 어휘를 쓰세요.

직 業
직분 職

뜻 생계를 위해 적성과 능력에 따라 일정 기간 동안 하는 **일**.

예문 우리 아버지의 ☐☐ 은 목수입니다.

작 業
지을 作

뜻 **일**을 함, 또는 그 **일**.

예문 뜨개질은 ☐☐ 시간이 오래 걸려요.

학 業
배울 學

뜻 주로 학교에서 지식을 배우기 위해 공부하는 **일**.

예문 나는 좋은 성적으로 ☐☐ 을 마쳤다.

상 業
장사 商

뜻 물건을 사고팔며 이익을 얻는 **일**.

예문 우리 마을은 ☐☐ 이 발달했습니다.

1 다음 글 안에 있는 한자의 뜻과 소리를 쓰세요.

작業 중이오니 옆 도로를 이용해 주세요.

뜻 _____

소리 _____

2 빈칸에 들어갈 한자 어휘를 찾아 선을 이으세요.

(1) [ ] 박람회에서 소방관, 경찰관 체험을 해보았어요. •

• ㉠ 상업

(2) 도시는 [ ]이 발달해서 다양한 상점과 식당이 많다. •

• ㉡ 직업

3 밑줄 친 부분의 뜻을 가진 한자 어휘를 초성을 참고하여 쓰세요.

학생의 가장 중요한 본분은 지식을 배우기 위해 공부하는 일이다. 그러므로 학생이라면 언제나 이 일에 힘써야 한다.

ㅎ	ㅇ

4 밑줄 친 한자 어휘에 유의하여 다음 글을 읽고 바르게 말한 친구를 고르세요. (   )

최근 2년간 이 마을에 이사 오는 사람들이 크게 늘었는데요. 이에 따라 동네 곳곳에 식당, 병원, 편의점 등 개업하는 곳이 많아졌습니다.

① **서윤**: 이 마을에는 영업을 하지 않는 가게가 많아졌어.

② **현우**: 이 마을에는 영업을 처음 시작하는 가게가 많아졌어.

✦ 한자의 뜻과 소리를 읽어 보세요.

休

(뜻) 쉴   (소리) 휴

*'쉬다'의 뜻이 있어요.

사람(亻)이 나무(木)에 기대 쉬는 모습을 나타낸 글자예요.

✦ 한자 어휘를 소리 내 읽어 보고 빈칸에 한자 어휘를 쓰세요.

休 일
날 日

(뜻) 일요일이나 공휴일과 같이 일을 **쉬는** 날. (반) 평일

(예문) ☐☐ 아침에는 늦잠을 자요.

休 가
겨를 暇

(뜻) 일정한 기간 동안 **쉬는** 일, 또는 그런 기간.

(예문) 부산으로 여름 ☐☐ 를 떠나요.

休 교
학교 校

(뜻) 학교가 수업을 한동안 **쉼**.

(예문) 태풍이 불어 학교가 ☐☐ 를 했다.

연 休
이을 連

(뜻) **쉬는** 날이 이틀 이상 계속되는 일, 또는 그 휴일.

(예문) 이번 ☐☐ 에 멀리 여행 가는 사람이 많아요.

1 다음 글 안에 있는 한자의 뜻과 소리를 쓰세요.

休일 아침에는 종종 아빠와 뒷산에 올라요.

뜻 _____

소리 _____

2 빈칸에 공통으로 들어갈 한자 어휘에 ○ 하세요.

• 이번 참관 수업에 아빠가 [ ]를 내고 오셨다.

• 삼촌은 할머니 댁에서 [ ]를 보낼 생각이라고 하셨다.

휴가
- - - - - -
연휴

3 밑줄 친 부분의 뜻을 가진 한자 어휘를 찾아 선을 이으세요.

(1) 다음 주는 월요일부터 쉬는 날이 5일 동안 계속되어서 학교에 안 가요. •

• ㉠ 휴교

(2) 갑자기 내린 폭설 때문에 학교가 수업을 한동안 쉰다는 긴급 공지가 내려왔다. •

• ㉡ 연휴

4 다음 한자 어휘 중 '休'가 쓰인 것에 ✔ 하세요.

[ ] ① 휴식 ➞ 하던 일을 멈추고 잠깐 쉼.

[ ] ② 휴대 ➞ 어떤 물건을 손에 들거나 몸에 지니고 다님.

1 다음 글 안에 있는 한자의 뜻과 소리를 쓰세요.

> **休**일에 가족들과 광화문에 갔는데 오늘이 마침 광복절 행**事**일이었다. 공연장 설치 작**業**을 마친 사람들이 무대를 준비하고 있었다. 독립운동가의 삶을 그린 공연을 보고 근처 **食**당에서 점심을 먹었다. 서비스로 식당에서 직접 만든 매실차도 시**飮**해 볼 수 있었다.

(1) **休** (   )   (2) **事** (   )

(3) **業** (   )   (4) **食** (   )

(5) **飮** (   )

2 가로 열쇠, 세로 열쇠를 풀어 낱말 퍼즐을 완성하세요.

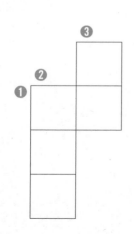

가로 열쇠

세로 열쇠

❶ 뜻 사람이 먹고 **마시는** 것.
  예문 ○○을 골고루 먹어야 키가 크지.

❷ 뜻 갈증을 풀거나 맛을 즐기기 위해 **마시는** 액체.
  예문 체육 대회가 끝나고 모두 ○○○를 벌컥 벌컥 마셨다.

❸ 뜻 **식사**를 줌, 또는 그 **식사**.
  예문 내일은 내가 ○○ 당번이야.

3 다음 뜻과 예문에 맞는 한자 어휘를 초성을 참고하여 쓰세요.

(1) | ㅎ | ㄱ |
- **뜻** 학교가 수업을 한동안 쉼.
- **예문** 전염병 때문에 ○○를 해서 집에서 수업을 들었어요.

(2) | ㄴ | ㅅ |
- **뜻** 곡식이나 채소 등을 심고 기르고 거두는 일.
- **예문** 우리 할아버지는 평생 ○○를 지으며 사셨어.

4 다음 뜻과 예문에 맞는 한자 어휘를 글자판에서 찾아 묶으세요.

① **뜻** 술이나 음료수 등의 맛을 알기 위해 조금 마셔 보는 일.
  예문 커피 ○○하고 가세요.

② **뜻** 일정한 기간 동안 쉬는 일, 또는 그런 기간.
  예문 엄마가 여름○○를 내셨어요.

③ **뜻** 주로 학교에서 지식을 배우기 위해 공부하는 일.
  예문 ○○에 힘써서 공부를 잘하고 싶어.

④ **뜻** 축하할 만한 기쁜 일.
  예문 이모가 취직을 하는 ○○가 났어요.

업	시	사	급
농	음	간	일
휴	식	경	사
가	학	업	교

5 다음 대화를 읽고 밑줄 친 한자 어휘 중 '休'가 쓰인 것을 모두 찾아 쓰세요.

> 우진: 현진아, 이번 <u>연휴</u>에 뭐 해?
>
> 현진: <u>휴양지</u>로 가족 여행을 다녀오기로 했어.
>
> 우진: 와, 좋겠다! 그럼 나 <u>휴대용</u> 게임기 좀 빌려줄래?

(,   )

05 상태·1

월   일

✦ 한자의 뜻과 소리를 읽어 보세요.

뜻 소리
있을 유

* '있다'의 뜻이 있어요.

아이가 손에 고기를 쥔 모습처럼 무엇을 가지고 있는 것을 나타낸 글자예요.

✦ 한자 어휘를 소리 내 읽어 보고 빈칸에 한자 어휘를 쓰세요.

有 명
이름 名

뜻 이름이 널리 알려져 **있음**. 🔄 무명

예문 제주도는 [ ][ ] 한 관광지라서 여행객이 많다.

有 익
더할 益

뜻 이롭거나 도움이 될 만한 것이 **있음**. 🔄 무익

예문 과일에는 우리 몸에 [ ][ ] 한 비타민이 많아요.

有 해
해할 害

뜻 해로움이 **있음**. 🔄 무해

예문 인스턴트 식품에는 [ ][ ] 한 성분이 들어 있다.

有 능
능할 能

뜻 어떤 일을 남들보다 잘하는 능력이 **있음**. 🔄 무능

예문 우리 회사는 [ ][ ] 한 인재를 모집합니다.

1 다음 글 안에 있는 한자의 뜻과 소리를 쓰세요.

有명한 동화 작가의 책을 선물 받았어요.

뜻 _____

소리 _____

2 빈칸에 공통으로 들어갈 한자 어휘에 ○ 하세요.

· 백과사전에는 공부할 때 필요한 정보가 많아 ☐ 해요.

· 모처럼 박물관에 가서 ☐ 하고 즐거운 시간을 보냈어요.

무익
- - - - - -
유익

3 밑줄 친 부분의 뜻을 가진 한자 어휘를 찾아 선을 이으세요.

(1) 자동차 배기가스는 건강에 <u>해로워요</u>. · · ㉠ 유능

(2) 세종 대왕은 매우 <u>능력이 있는</u> 왕이었다고 해요. · · ㉡ 유해

도움말 다른 하나는 '기름 유(油)'를 써요.

4 다음 문장을 읽고 '有'가 쓰인 한자 어휘가 들어 있는 문장에 ✓ 하세요.

☐ ① 이 책은 초등학생에게 <u>유용</u>하다.

☐ ② 차에 기름이 떨어져서 <u>주유소</u>에 들렀다.

✦ 한자의 뜻과 소리를 읽어 보세요.

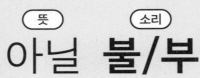

뜻   소리
아닐 불/부

* '아니다'의 뜻이 있어요.
* '不' 뒤에 'ㄷ, ㅈ'으로 시작하는 낱말이 올 때는 '부'로 읽고 써요.

고개를 가로젓는 아이처럼 무언가 아니거나 없음을 나타내요.

✦ 한자 어휘를 소리 내 읽어 보고 빈칸에 한자 어휘를 쓰세요.

不 량
어질 良

> 뜻 행실이나 성품, 품질이 좋지 **않음**.
>
> 예문 ☐☐ 식품은 몸에 안 좋아요.

不 법
법 法

> 뜻 법을 따르지 **않아** 어긋남.   반 합법
>
> 예문 지하철에서 물건을 파는 행위는 ☐☐ 이에요.

不 쾌
쾌할 快

> 뜻 어떤 일이 못마땅하여 기분이 좋지 **않음**.   반 유쾌
>
> 예문 날씨가 너무 덥고 습해 ☐☐ 한 기분이 들어요.

不 주 의
부을 注   뜻 意

> 뜻 조심하지 **않음**.   반 주의
>
> 예문 운전자의 ☐☐☐ 로 교통사고가 났다.

* '不' 뒤에 'ㅈ'으로 시작하는 낱말이 와서 '부'로 읽고 써요.

1 다음 글 안에 있는 한자의 뜻과 소리를 쓰세요.

다른 사람을 함부로 촬영하는 것은 **不**법이에요.

뜻 _____

소리 _____

2 빈칸에 들어갈 한자 어휘를 <보기>에서 찾아 쓰세요.

보기			
불리	불쾌	불법	불량

(1) 이번에 산 로봇의 부품이 (   )(이)라서 교환했어요.

(2) 친구가 어제부터 나를 너무 놀려 대서 기분이 (   )했어요.

3 밑줄 친 부분의 뜻을 가진 한자 어휘에 ○ 하세요.

교실에서 친구들과 장난을 치다가 실수로 큰 화분을 깨 버렸다. 선생님께서는 모두가 <u>조심하지 않은</u> 탓이라며 반성문을 쓰라고 하셨다.

부주의

불평등

4 다음 한자 어휘의 예문을 읽어 보고 뜻에 알맞은 말에 ○ 하세요.

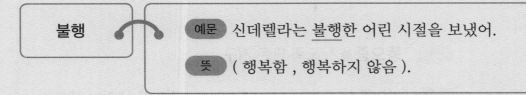

불행

예문 신데렐라는 <u>불</u>행한 어린 시절을 보냈어.

뜻 (행복함 , 행복하지 않음).

✦ 한자의 뜻과 소리를 읽어 보세요.

便

뜻) 편할   소리) 편
편할   **편**
똥오줌 **변**

＊'편하다'의 뜻이 있어요.
＊'똥오줌'의 뜻으로 쓸 때는 '변'으로 읽고 써요.

사람이 편함을 느끼는 것을 나타낸 글자예요.

✦ 한자 어휘를 소리 내 읽어 보고 빈칸에 한자 어휘를 쓰세요.

便 안
편안 安

뜻) 몸이나 마음이 **편하고** 좋음.

예문) ☐ ☐ 한 기분으로 잠이 들었어요.

불 **便**
아닐 不

뜻) 어떤 것을 이용하기에 **편하지** 않음. 몸이나 마음이 괴로움.

예문) 오른손을 다쳐서 여러모로 ☐ ☐ 해요.

대 **便**
큰 大

뜻) 사람의 **똥**을 점잖게 이르는 말.

예문) 황금색 ☐ ☐ 이 좋은 똥이래요.

＊이 어휘에서는 '똥오줌 변'으로 써요.

便 기
그릇 器

뜻) **똥오줌**을 누도록 만든 기구.

예문) 볼일을 본 후에는 ☐ ☐ 의 물을 꼭 내려야 해요.

＊이 어휘에서는 '똥오줌 변'으로 써요.

1 다음 글 안에 있는 한자의 뜻과 소리를 쓰세요.

이 의자는 오래 앉아 있기 **便**안해요.

뜻 _____

소리 _____

2 빈칸에 들어갈 한자 어휘를 초성을 참고하여 쓰세요.

농장 화장실에는 쭈그리고 앉아서 볼일을 봐야 하는 ☐☐ 밖에 없었다. 발이 빠질까 봐 무서웠지만 그래도 새로운 경험이었다.

ㅂ ㄱ

3 밑줄 친 부분의 뜻을 가진 한자 어휘에 ○ 하세요.

(1) 발이 자라서 신던 신발이 <u>편하지 않아요</u>.

| 불량 | 불편 |

(2) 한적한 시골에 오니 <u>몸과 마음이 편하고</u> 좋아요.

| 간편 | 편안 |

어휘 추론!

도움말 다른 하나는 '치우칠 편(偏)'을 써요.

4 다음 문장을 읽고 '便'이 쓰인 한자 어휘가 들어 있는 문장에 ✓ 하세요.

☐ ① 아빠가 동생만 <u>편애</u>하는 것 같아 속상했어요.

☐ ② 식기세척기는 알아서 설거지하는 <u>편리</u>한 기계예요.

✦ 한자의 뜻과 소리를 읽어 보세요.

(뜻) (소리)
편안 안

* '편안하다'의 뜻이 있어요.

집(宀)에 엄마(女)가 있어 마음이 편안함을 나타낸 글자예요.

✦ 한자 어휘를 소리 내 읽어 보고 빈칸에 한자 어휘를 쓰세요.

安 **심**
마음 心

(뜻) 걱정 없이 마음을 **편안히** 가짐.

(예문) 아프던 동생의 열이 내려 ☐☐ 이 되었어요.

불 **安**
아닐 不

(뜻) 마음이 **편안하지** 않고 조마조마함.

(예문) 지갑을 잃어버린 것 같아서 ☐☐ 해요.

미 **安**
아닐 未

(뜻) 남에게 마음이 **편안하지** 않고 부끄러움.

(예문) 실수로 친구의 발을 밟아 ☐☐ 했어요.

安 **부**
아닐 좀

(뜻) 어떤 사람이 **편안하게** 잘 지내는지에 대한 소식, 또는 그 인사.

(예문) 전학 간 친구의 ☐☐ 가 궁금해서 전화를 걸었다.

1 다음 글 안에 있는 한자의 뜻과 소리를 쓰세요.

> 엄마가 할머니께 **安**부 전화를 드리라고 하셨어요.

뜻 ＿＿＿＿＿＿＿＿＿＿＿

소리 ＿＿＿＿＿＿＿＿＿＿＿

2 빈칸에 들어갈 한자 어휘를 찾아 선을 이으세요.

(1)

> 약속 시간보다 늦게 도착할 것 같아. 정말 ☐해!

• 　• ㉠ 안심

(2)

> 혼자 집에 있기 무서웠는데 아빠가 오셔서 ☐했어요.

• 　• ㉡ 미안

3 밑줄 친 부분의 뜻을 가진 한자 어휘에 ○ 하세요.

> 몰래 꺼내 입은 언니의 원피스에 떡볶이를 흘려 버렸다. 언니가 알게
> 되면 아무래도 혼날 것 같아 마음이 편하지 않고 조마조마했다.

불안
- - - - -
불신

어휘주톤!

4 다음 한자 어휘 중 '安'이 쓰인 것에 ✔ 하세요.

☐ ① 안녕 ➡ 아무 탈 없이 편안함.

☐ ② 해안 ➡ 바다와 육지가 맞닿은 부분.

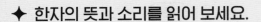
✦ 한자의 뜻과 소리를 읽어 보세요.

（뜻）（소리）

온전 **전**

*'전체, 모두'의 뜻이 있어요.

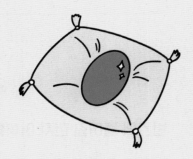

흠이 없는 옥(王)처럼 온전함을 나타낸
글자예요.

✦ 한자 어휘를 소리 내 읽어 보고 빈칸에 한자 어휘를 쓰세요.

 全 국
나라 國

（뜻）온 나라 **전체**.

（예문）오늘 ☐☐ 에 비가 내릴 예정입니다.

全 교
학교 校

（뜻）한 학교의 **전체**.

（예문）우리 형은 ☐☐ 에서 제일 키가 커요.

 全 력
힘 力

（뜻）**모든** 힘.

（예문）나는 ☐☐ 을 다해 자전거 페달을 밟았어요.

완 全
완전할 完

（뜻）필요한 것이 **모두** 갖추어져 모자람이나 흠이 없음.

（예문）오늘 방학 숙제를 ☐☐ 히 끝내야겠다.

1 다음 글 안에 있는 한자의 뜻과 소리를 쓰세요.

국가 대표팀은 **全**력을 다해 경기를 펼쳤어요.

(뜻) _____

(소리) _____

2 빈칸에 공통으로 들어갈 한자 어휘에 ○ 하세요.

- 바나나가 [   ]히 익어서 달고 맛있어요.
- 계란은 필요한 영양분을 모두 갖춘 [   ]식품이에요.

전력

완전

3 밑줄 친 부분의 뜻을 가진 한자 어휘를 찾아 선을 이으세요.

(1) 누나가 우리 학교의 전체 회장 선거에 나갔어요. • • ㉠ 전교

(2) 우리나라 선수가 골을 넣자 온 나라 전체가 들썩였어요. • • ㉡ 전국

4 밑줄 친 한자 어휘에 유의하여 다음 글을 읽고 바르게 말한 친구를 고르세요. ( )

유소년 배구 경기의 전반전이 동점으로 이제 막 끝난 상황입니다. 이번 대회의 우승 상금 전액이 소아 병원에 기부될 예정이라고 합니다.

① 지훈: 유소년 배구 대회의 우승 상금 일부가 기부될 예정이구나.
② 예지: 유소년 배구 대회의 우승 상금 전부가 기부될 예정이구나.

1 다음 글 안에 있는 한자의 뜻과 소리를 쓰세요.

> 차를 타고 불국사로 **有**명한 경주에 가던 중이었다. 아직 도착하려면 멀었는데 갑자기 배가 아프고 **不便**한 느낌이 들었다. 휴게소에 내리자마자 **全**력을 다해 화장실을 찾아 뛰었다. 저 멀리 화장실 건물이 보이자 그제서야 **安**심할 수 있었다.

(1) **有** (   )   (2) **不** (   )

(3) **便** (   )   (4) **全** (   )

(5) **安** (   )

2 <보기>의 글자 카드에서 알맞은 글자를 찾아 한자 어휘를 완성하세요.

보기

| 불 | 유 | 안 | 편 | 전 |

(1) 미세 먼지에는 [| 해]한 물질이 많아요.

    ↳ 해로움이 **있음**.

(2) 나 때문에 기분이 상한 친구에게 [미 |]했어요.

    ↳ 남에게 마음이 **편하지** 않고 부끄러움.

(3) 알람 시계가 제때 울리지 않는 걸 보니 [| 량]인가 봐.

    ↳ 행실이나 성품, 품질이 좋지 **않음**.

3 다음 뜻과 예문에 맞는 한자 어휘를 초성을 참고하여 쓰세요.

(1)

ㅇ	ㅇ

뜻 이롭거나 도움이 될 만한 것이 **있음.**

예문 파프리카는 건강에 ○○한 채소입니다.

(2)

ㅈ	ㄱ

뜻 한 학교의 **전체.**

예문 지우는 우리 학교를 대표하는 ○○ 학생 회장이다.

(3)

ㅂ	ㄱ

뜻 **똥오줌**을 누도록 만든 기구.

예문 내 동생이 드디어 ○○에 대변을 누었어요.

(4)

ㅂ	ㅈ	ㅇ

뜻 조심하지 **않음.**

예문 ○○○로 인한 제품 손상은 환불 사유가 되지 않습니다.

4 한자 어휘의 뜻을 읽어 보고 빈칸에 공통으로 들어갈 글자를 쓰세요.

• □법: 법을 따르지 않아 어긋남.

• □안: 마음이 편하지 않고 조마조마함.

• □쾌: 어떤 일이 못마땅하여 기분이 좋지 않음.

• □편: 어떤 것을 이용하기에 편하지 않음. 몸이나 마음이 괴로움.

(   )

5 다음 글을 읽고 밑줄 친 한자 어휘 중 '全'이 쓰인 것을 모두 찾아 쓰세요.

내일 전국의 날씨는 대체로 맑겠습니다. 오전에는 흐리지만 오후부터는 완전히 맑게 갤 것으로 보입니다. 날씨였습니다.

(,   )

06 사물·1

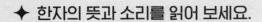

월   일

✦ 한자의 뜻과 소리를 읽어 보세요.

物

뜻	소리
물건	물

* '물건, 만물'의 뜻이 있어요.

선반 위에 놓인 다양한 물건처럼 일정한 모양을 갖춘 어떤 물건을 나타내요.

✦ 한자 어휘를 소리 내 읽어 보고 빈칸에 한자 어휘를 쓰세요.

物 가
값 價

> 뜻 **물건**의 값.
>
> 예문 요즘 ⬚⬚ 가 많이 올랐어요.

실 物
열매 實

> 뜻 실제로 있는 **물건**이나 사람.
>
> 예문 내 목걸이는 사진보다 ⬚⬚ 로 보면 더 예뻐요.

유 物
남길 遺

> 뜻 선대의 인류가 후대에 남긴 **물건**.
>
> 예문 선사 시대의 ⬚⬚ 이 전시된 박물관에 갔어요.

보 物
보배 寶

> 뜻 매우 귀하고 소중한 **물건**.
>
> 예문 생일 선물로 받은 블록이 나의 ⬚⬚ 1호예요.

1 다음 글 안에 있는 한자의 뜻과 소리를 쓰세요.

고려 청자는 고려 시대 유**物**이에요.

(뜻) _____

(소리) _____

2 빈칸에 들어갈 한자 어휘를 초성을 참고하여 쓰세요.

내일은 드디어 콘서트를 보러 가는 날이다. 좋아하는 가수를 화면으로 만 보다가 [ ]을/를 본다고 생각하니 잠이 오지 않았다.

ㅅ	ㅁ

3 밑줄 친 부분의 뜻을 가진 한자 어휘에 ○ 하세요.

가족들과 마트에 가서 장을 봤어요. 내가 좋아하는 라면은 천 원, 사과는 오천 원이나 올랐어요. 엄마는 물건의 값이 전체적으로 많이 올라서 그렇다고 하셨어요.

물가

유가

어휘추론!

도움말 다른 하나는 '말 물(勿)'을 써요.

4 다음 문장을 읽고 '物'이 쓰인 한자 어휘가 들어 있는 문장에 ✓ 하세요.

[ ] ① 내 동생은 노래는 물론이고 춤도 잘 춘다.

[ ] ② 식물이 잘 자라려면 물과 햇빛이 필요해요.

✦ 한자의 뜻과 소리를 읽어 보세요.

(뜻) (소리)
모양 형

*'모양'의 뜻이 있어요.

여러 가지 형태를 이루는 도형처럼 모양을 나타낸 글자예요.

✦ 한자 어휘를 소리 내 읽어 보고 빈칸에 한자 어휘를 쓰세요.

形 태
모습 態

뜻 사물의 생김새나 **모양**.

예문 색종이를 접어 다양한 [   ][   ]의 동물을 만들었다.

변 形
변할 變

뜻 **모양**이나 형태가 달라지거나 달라지게 함.

예문 구부정한 자세로 있으면 척추에 [   ][   ]이 올 수 있다.

지 形
땅 地

뜻 땅의 생긴 **모양**.

예문 주말에 오른 산의 [   ][   ]이 무척 험했다.

形 形 색 색
빛 色   빛 色

뜻 **모양**과 색깔이 서로 다른 여러 가지.

예문 [   ][   ][   ][   ]의 꽃.

1 다음 글 안에 있는 한자의 뜻과 소리를 쓰세요.

이곳은 대지진으로 지形이 크게 변했다.

뜻 _____

소리 _____

2 빈칸에 들어갈 한자 어휘에 ○ 하세요.

이 건물은 곡선으로 이루어져 있어 아래가 둥글다. 그리고 위로 올라갈수록 공간이 좁아진다. 그 [ ] 가 마치 도자기와 비슷하다.

형태
- - - - - - -
생태

3 밑줄 친 부분의 뜻을 가진 한자 어휘를 찾아 선을 이으세요.

(1) 땡볕에 플라스틱 장난감을 두었더니 <u>형태가 달라졌다.</u> •

(2) <u>모양과 색깔이 서로 다른 여러 가지의</u> 불꽃이 터졌다. •

• ㉠ 변형

• ㉡ 형형색색

4 다음 한자 어휘의 예문을 읽어 보고 뜻에 알맞은 말에 ○ 하세요.

형편

예문 일이 돌아가는 <u>형편</u>을 보니 곧 성공할 것 같다.

뜻 일이 되어 가는 (모양 , 시간).

월　　　일

✦ 한자의 뜻과 소리를 읽어 보세요.

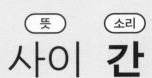

뜻　소리

사이 **간**

＊'사이'의 뜻이 있어요.
＊'동안'의 뜻도 있어요.

문(門)틈 사이로 해(日)가 비치는 모습을 나타낸 글자예요.

✦ 한자 어휘를 소리 내 읽어 보고 빈칸에 한자 어휘를 쓰세요.

공 間	
빌 空	

뜻　**사이**에 비어 있는 곳.

예문　버스 터미널에 앉을 ☐☐ 이 없어요.

시 間	
때 時	

뜻　어떤 시각에서 다른 시각까지의 **사이**.

예문　☐☐ 을 낭비하지 않으려면 계획을 잘 세워야 해.

간 격

사이 뜰 隔

뜻　거리나 시간이 벌어진 **사이**.

예문　10분 ☐☐ 으로 버스가 있어요.

순 間	
눈 깜짝일 瞬	

뜻　아주 짧은 **동안**. 어떤 일이 일어난 바로 그때.

예문　우리나라 대표 팀이 골을 넣은 결정적인 ☐☐ 이었다.

＊이 어휘에서는 '동안'의 뜻으로 써요.

1 다음 글 안에 있는 한자의 뜻과 소리를 쓰세요.

> 새로 산 책상은 서랍이 여러 개라 수납 공**間**이 많아요.

(뜻) _____

(소리) _____

2 빈칸에 들어갈 한자 어휘를 찾아 선을 이으세요.

(1) 체조하기 전에 앞 사람과 [ ]을 넓혀 주세요. •

(2) 오랜만에 온 가족이 모여 즐거운 [ ]을 보냈어요. •

• ㉠ 시간

• ㉡ 간격

3 다음 뜻을 가진 한자 어휘를 초성을 참고하여 쓰세요.

(1) 할머니는 지난 80년 세월이 <u>아주 짧은 동안</u> 같았다고 하셨다.

ㅅ	ㄱ

(2) 거실 소파와 탁자 <u>사이에 비어 있는 곳</u>은 숨바꼭질하기 좋다.

ㄱ	ㄱ

도움말 다른 하나는 '간략할 간(簡)'을 써요.

4 다음 문장을 읽고 '間'이 쓰인 한자 어휘가 들어 있는 문장에 ✓ 하세요.

[ ] ① 우리 가족은 모두 <u>미간</u>이 넓은 편이야.

[ ] ② 내일은 활동하기 <u>간편</u>한 옷을 입으세요.

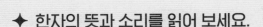
✦ 한자의 뜻과 소리를 읽어 보세요.

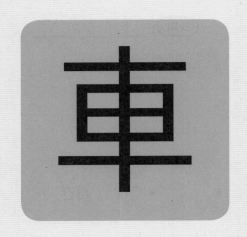

（뜻） （소리）
수레 차/거

* '자동차, 수레'의 뜻이 있어요.
* '수레'의 뜻으로 쓸 때는 '거'로 읽고 쓰는 경우가 많아요.

옛날에 물건이나 사람을 싣고 다니던 수레의 모양을 본뜬 글자예요.

✦ 한자 어휘를 소리 내 읽어 보고 빈칸에 한자 어휘를 쓰세요.

車 도
길 道

뜻 **차**가 다니는 길. 반 인도

예문 　　　 와 인도를 잘 구분해서 다녀야 해요.

車 비
쓸 費

뜻 **자동차**를 타는 데에 드는 비용.

예문 　　　 가 없어서 집까지 걸어왔어요.

자 전 車
스스로 自 　 구를 轉

뜻 바퀴를 돌려서 앞으로 나아가는 **수레**.

예문 이제 두발　　　　　를 탈 수 있어요.

* 이 어휘에서는 '수레 거'로 써요.

인 력 車
사람 人 　 힘 力

뜻 사람이 끄는, 바퀴가 두 개 달린 **수레**.

예문 옛날에　　　　　는 교통수단이었어요.

* 이 어휘에서는 '수레 거'로 써요.

1 다음 글 안에 있는 한자의 뜻과 소리를 쓰세요.

車도를 넓히는 공사를 하고 있어요.

뜻 _____

소리 _____

2 빈칸에 들어갈 한자 어휘를 <보기>에서 찾아 쓰세요.

보기

| 차비 | 차도 | 자전거 | 차례 |

아빠는 멀리 이사를 하고 나서부터 ( )가 많이 든다고 하셨다. 그래서 기름
값을 아끼기 위해 이번 달부터 ( )로 출퇴근을 하기 시작하셨다.

3 밑줄 친 부분의 뜻을 가진 한자 어휘에 ○ 하세요.

(1) 차가 다니는 길을 함부로 건너면 안 됩니다.

인도 | 차도

(2) 여행을 가서 사람이 끄는 수레 타기 체험을 했다.

인력거 | 자전거

도움말 다른 하나는 '버금 차(次)'를 써요.

4 다음 글을 읽고 '車'가 쓰인 한자 어휘를 찾아 번호를 쓰세요. ( )

선영: 엄마, 내 휴대 전화가 없어졌어요. ①재차 전화해 봐도 아무 소리도 안 들려요.
엄마: 아까 ②하차할 때 놓고 내렸나 보다. 주차장으로 다시 가 보자.

✦ 한자의 뜻과 소리를 읽어 보세요.

線

(뜻)   (소리)

줄   선

＊'줄, 선'의 뜻이 있어요.

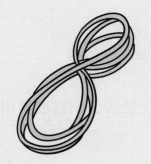

실(糸)처럼 가늘고 긴 선을 나타낸 글자예요.

✦ 한자 어휘를 소리 내 읽어 보고 빈칸에 한자 어휘를 쓰세요.

線 로
길 路

뜻 ┃ 기차나 전차가 다니는 **선**처럼 뻗은 길.

예문 ┃ 기차가 ☐☐를 이탈했어요.

직 **線**
곧을 直

뜻 ┃ 굽지 않은 곧은 **선**. 🔵 곡선

예문 ┃ 연필로 ☐☐을 그어 보세요.

무 **線**
없을 無

뜻 ┃ 전자 기기에 **전선**이나 코드가 없음. 🔵 유선

예문 ┃ 내 헤드폰은 ☐☐이야.

차 **線**
수레 車

뜻 ┃ 차가 다니는 길을 따라 표시한 **선**.

예문 ┃ 차들은 도로에 난 ☐☐을 따라 달린다.

1 다음 글 안에 있는 한자의 뜻과 소리를 쓰세요.

화장실은 여기에서 직**線**거리로 십여 미터 정도에 있어요.

(뜻) _____

(소리) _____

2 빈칸에 들어갈 한자 어휘를 초성을 참고하여 쓰세요.

요즘 전자 기기 중에서는 선이 없는 것이 많아요. 우리 집에 있는 밥솥도, 청소기도, 전등도 모두 [   ]이에요.

ㅁ	ㅅ

3 밑줄 친 부분의 뜻을 가진 한자 어휘를 찾아 선을 이으세요.

(1) 기차 타는 곳으로 나가면 기차가 다니는 선처럼 뻗은 길이 길게 뻗어 있어.

· · ㉠ 선로

(2) 운전할 때는 다른 차와 부딪히지 않도록 차가 다니는 길을 따라 표시한 선을 잘 지켜야 해요.

· · ㉡ 차선

어휘 추론!

도움말 다른 하나는 '착할 선(善)'을 써요.

4 다음 문장을 읽고 '線'이 쓰인 한자 어휘가 들어 있는 문장에 ✓ 하세요.

[ ] ① 다른 사람들에게 선행을 베풀어라.

[ ] ② 삼각형은 세 개의 선분으로 이루어져 있다.

1 다음 글 안에 있는 한자의 뜻과 소리를 쓰세요.

> 동생 생일이라 선**物**을 사러 마트에 왔다. 시**間** 가는 줄 모르고 고르다 보니 어느새 저녁
> 이었다. 마침내 마음에 드는 장난감 자동**車**를 샀다.

(1) **物** (   )   (2) **間** (   )

(3) **車** (   )

> 이번 미술 시간에는 연필로 **線**을 긋는 연습을 했다. 그다음엔 각자 그리고 싶은 것을 그
> 리고 **形形**색색의 물감으로 색을 칠해 그림을 완성했다.

(4) **線** (   )   (5) **形** (   )

2 가로 열쇠, 세로 열쇠를 풀어 낱말 퍼즐을 완성하세요.

(1)

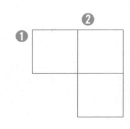

가로 열쇠

❶ (뜻) 차가 다니는 길을 따라 표시한 **선**.
(예문) 오래된 도로에 ○○을 덧칠해야 합니다.

세로 열쇠

❷ (뜻) 기차나 전차가 다니는, 선처럼 뻗은 길.
(예문) ○○ 위로 기차가 지나갔다.

(2)

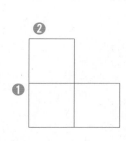

가로 열쇠

❶ (뜻) 거리나 시간이 벌어진 **사이**.
(예문) 적당한 ○○으로 줄을 서자.

세로 열쇠

❷ (뜻) 아주 짧은 **동안**.
(예문) 수업 시간이 너무 즐거워서 ○○ 같았어.

3 다음 뜻풀이에 맞는 한자 어휘를 찾아 선을 이으세요.

(1) 땅의 생긴 모양. •
(2) 사이에 비어 있는 곳. •
(3) 매우 귀하고 소중한 물건. •

• ㉠ 공간
• ㉡ 보물
• ㉢ 지형

4 다음 뜻과 예문에 맞는 한자 어휘를 글자판에서 찾아 묶으세요.

① **뜻** 굽지 않은 곧은 선.
   예문 ○○을 그어 삼각형을 그려요.

② **뜻** 사물의 생김새나 모양.
   예문 한글의 자음은 발음 기관의 ○○를 본떠 만들었다.

③ **뜻** 사람이 끄는, 바퀴가 두 개 달린 수레.
   예문 옛날 사람들은 ○○○를 택시처럼 탔어요.

④ **뜻** 실제로 있는 물건이나 사람.
   예문 작품을 ○○로 볼 수 있어 좋아요.

실	물	숙	인
용	경	무	력
직	의	지	거
선	형	태	비

5 다음 글을 읽고 밑줄 친 한자 어휘 중 '間'이 쓰인 것을 모두 찾아 쓰세요.

> 자, 10분 뒤에 시험 시작합니다. 시험 시간에는 휴대 전화 전원을 꺼서 가방에 넣어 주세요. 간식도 먹으면 안 돼요. 마지막 문제의 정답은 간단하게 한 문장으로 써 주세요.

(,   )

07 마을과 사회·1

지난주의 한자   배운 한자를 떠올리며 빈칸에 뜻과 소리를 쓰세요.

物　　形　　間　　車　　線

____　____　____　____　____

✦ 한자의 뜻과 소리를 읽어 보세요.

(뜻) (소리)
마을 촌

*'마을, 시골'의 뜻이 있어요.

나무(木)가 많은 곳에 생긴 마을을 나타낸 글자예요.

✦ 한자 어휘를 소리 내 읽어 보고 빈칸에 한자 어휘를 쓰세요.

村 장
긴 長

(뜻) 한 **마을**의 우두머리.

(예문) 마을의 궂은일은 ☐☐님이 해결해 줍니다.

어 村
고기잡을 漁

(뜻) 어민들이 모여 사는 바닷가 **마을**.

(예문) 나는 ☐☐에서 태어나 생선을 먹고 자랐어요.

강 村
강 江

(뜻) 강가에 있는 **마을**.

(예문) 가족들과 ☐☐에서 캠핑을 했어요.

村 락
떨어질 落

(뜻) **시골**에서 여러 집이 모여 사는 곳. (반) 도시

(예문) 강 주변에 작은 ☐☐이 있어요.

1 다음 글 안에 있는 한자의 뜻과 소리를 쓰세요.

村락은 고령화와 노동력 부족 현상을 겪고 있다.

뜻 _____

소리 _____

2 빈칸에 들어갈 한자 어휘를 <보기>에서 찾아 쓰세요.

보기

어촌	삼촌	촌장	사촌

(1) ( )에서는 어부들과 어선을 흔히 볼 수 있지.

(2) 여행 이튿날에 그 마을을 대표하는 ( )님을 만날 수 있었다.

3 밑줄 친 부분의 뜻을 가진 한자 어휘에 ○ 하세요.

(1) 이번 여름에는 강가의 마을에서 휴가를 보낼 거예요.

산촌	강촌

(2) 나의 고향은 시골에서 여러 집이 모여 사는 곳이었다.

어촌	촌락

어휘추론!

도움말 다른 하나는 '마디 촌(寸)'을 써요.

4 다음 문장을 읽고 '村'이 쓰인 한자 어휘가 들어 있는 문장에 ✓ 하세요.

☐ ① 삼촌과 함께 공룡 박물관에 가기로 약속했어요.

☐ ② 부모님은 평생 농사를 지으시며 농촌 생활을 하셨다.

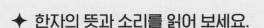
✦ 한자의 뜻과 소리를 읽어 보세요.

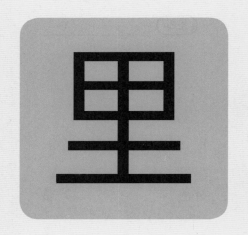

(뜻) (소리)
마을 리(이)

* '마을, 리'의 뜻이 있어요. '리'는 거리를 재는 단위로도 써요.
* '리'는 맨 앞에 오면 '이'로 읽고 써요.

밭(田)과 흙(土)이 있는 마을을 나타낸 글자예요.

✦ 한자 어휘를 소리 내 읽어 보고 빈칸에 한자 어휘를 쓰세요.

 里 정 표
한도/길 程   표할 標

(뜻) **마을** 어느 곳까지의 거리 및 방향을 알려 주는 표지.
(예문) ☐ ☐ ☐ 를 보고 숙소를 찾아갔어요.

 里 장
긴 長

(뜻) '**리**'를 대표하여 일을 맡아보는 사람.
(예문) ☐ ☐ 님은 마을 곳곳을 살피고 있어요.

일 사 천
한 一   쏟을 瀉   일천 千

(뜻) 강물이 흘러 천 **리**를 가듯 어떤 일이 빨리 진행됨.
(예문) 그 일은 ☐ ☐ ☐ ☐ 였다.

만 타 국
일만 萬   다를 他   나라 國

(뜻) 만 **리**처럼 고향에서 멀리 떨어진 다른 나라.
(예문) 삼촌은 ☐ ☐ ☐ ☐ 에 산다.

1 다음 글 안에 있는 한자의 뜻과 소리를 쓰세요.

里정표를 보며 따라 걷다 보면 목적지가 나온다.

뜻 _____

소리 _____

2 빈칸에 알맞은 한자 어휘를 초성을 참고하여 쓰세요.

강원도 정선군 신동읍 ○○리의 대표인 김길벗 [   ]은/는 이번 마을 행사에 필요한 장소를 마련하였다고 발표했다.

ㅇ	ㅈ

3 밑줄 친 부분의 뜻을 가진 한자 어휘를 찾아 선을 이으세요.

(1) 대표 팀 선수들은 <u>만 리처럼 고향에서 멀리 떨어진 다른 나라</u>에서도 충분히 실력을 발휘하기 위한 훈련을 한다.

• ㉠ 일사천리

(2) 어제 봄맞이 대청소를 했다. 모두가 하나씩 일거리를 맡아서 하니 <u>강물이 흘러 천 리를 가듯 빠르게 진행</u>되었다.

• ㉡ 만리타국

4 다음 한자 어휘 중 '里'가 쓰인 것에 ✓ 하세요.

[ ] ① 삼천리 ➡ 우리나라의 땅 전체.

[ ] ② 부조리 ➡ 도리에 어긋나거나 이치에 맞지 않음.

✦ 한자의 뜻과 소리를 읽어 보세요.

뜻 소리

고을 읍

* '고을(읍)'의 뜻이 있어요. '고을'은 '마을'의 옛말이에요.
* '수도'의 뜻도 있어요.

사람이 모여 사는 고을을 나타낸 글자예요.

✦ 한자 어휘를 소리 내 읽어 보고 빈칸에 한자 어휘를 쓰세요.

邑 내
안 內

뜻 **읍**의 구역 안.

예문 오일장이 열리는 날은 [   ][   ]가 복잡해요.

邑 민
백성 民

뜻 그 **읍**에 사는 사람.

예문 오늘은 [   ][   ] 체육 대회가 열리는 날이에요.

邑 장
긴 長

뜻 **읍**을 대표하여 일을 맡아보는 사람.

예문 ○○읍 [   ][   ] 님은 마을에 필요한 일을 찾아 나섰다.

도 邑
도읍 都

뜻 한 나라의 **수도**.

예문 이성계는 [   ][   ]을 평양에서 한양으로 옮겼다.

* 이 어휘에서는 '수도'의 뜻으로 써요.

1 다음 글 안에 있는 한자의 뜻과 소리를 쓰세요.

> **邑**민들은 산불을 끄려고 온 힘을 다했어요.

뜻 _____

소리 _____

2 빈칸에 들어갈 한자 어휘를 글자 카드에서 찾아 만들어 쓰세요.

(1) ○○읍을 대표하는 (　　　　　)은/는 지역 축제 개회식에서 인사말을 했다.

읍 　 내 　 장

(2) 예전에 '수도'를 이르던 말로, 한 나라의 중앙 정부가 있는 곳을(　　　　　)(이)라 한다.

민 　 읍 　 도

3 밑줄 친 부분의 뜻을 가진 한자 어휘에 ○ 하세요.

> 큰 병원이나 마트는 집 앞에서 버스를 타고 삼십 분 넘게 가야 하는 <u>읍의 구역 안</u>에 있어요.

실내

읍내

어휘 추론!

4 다음 한자 어휘 중 '邑'이 쓰인 것에 ✓ 하세요.

☐ ① 감읍 ➤ 감격하여 욺.

☐ ② 읍촌 ➤ 읍에 속한 마을.

✦ 한자의 뜻과 소리를 읽어 보세요.

뜻 골
소리 동

꿰뚫을 **통**

* '골(고을)'과 '동굴'의 뜻이 있어요.
* '꿰뚫다'의 뜻으로 쓸 때는 '통'으로 읽고 써요.

물(氵)이 흐르는 고을에서 함께(同) 사는 것을 나타낸 글자예요.

✦ 한자 어휘를 소리 내 읽어 보고 빈칸에 한자 어휘를 쓰세요.

洞 장
긴 長

뜻 '동'을 대표하여 일을 맡아보는 사람.

예문 주민 센터에서 ☐☐ 님을 만났어요.

洞 구
입 口

뜻 **동네** 어귀. 동네 입구.

예문 ☐☐ 밖에 아카시아 꽃이 피었어요.

洞 굴
굴 窟

뜻 자연적으로 생긴 깊고 넓은 큰 **굴**.

예문 박쥐는 ☐☐ 에 서식해요.

* 이 어휘에서는 '동굴'의 뜻으로 써요.

洞 찰 력
살필 察   힘 力

뜻 사물이나 현상을 정확하게 **꿰뚫어** 보는 힘.

예문 사회 문제에 대한 ☐☐☐ 이 뛰어나다.

* 이 어휘에서는 '꿰뚫을 통'으로 써요.

1 다음 글 안에 있는 한자의 뜻과 소리를 쓰세요.

> 마포구 ○○동의 **洞**장이 새로 뽑혔다.

뜻 _____

소리 _____

2 빈칸에 들어갈 한자 어휘를 <보기>에서 찾아 쓰세요.

> 보기
>
> | 동구 | 통장 | 동굴 | 통찰력 |

(1) 구석기 시대 사람들은 (　　　　　　　　)에서 생활했어요.

(2) 다양한 분야의 책을 읽으면 (　　　　　　　　)을/를 기를 수 있어요.

3 다음 뜻을 가진 한자 어휘를 초성을 참고하여 쓰세요.

(1) 아버지는 우리 동을 대표하여 일을 맡아보는 사람이에요.　　　ㄷ　ㅈ

(2) 할머니들이 동네 어귀에 있는 커다란 느티나무 아래서 쉬고 있어요.　　　ㄷ　ㄱ

도움말 다른 하나는 '한가지 동(同)'을 써요.

4 다음 문장을 읽고 '洞'이 쓰인 한자 어휘가 들어 있는 문장에 ✔ 하세요.

☐ ① 내 <u>동</u>생은 4살인데 정말 귀여워요.

☐ ② <u>동</u>민들이 집 앞에 쌓인 눈을 치웠어요.

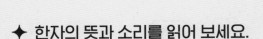

월 　 일

✦ 한자의 뜻과 소리를 읽어 보세요.

뜻 소리
저자 **시**

* '저자'의 뜻이 있어요. '저자'는 '시장'의 옛말이에요.
* '도시'라는 뜻도 있어요.

많은 사람이 분주하게 오가는 시장을 나타낸 글자예요.

✦ 한자 어휘를 소리 내 읽어 보고 빈칸에 한자 어휘를 쓰세요.

市 판
팔 販

뜻 상품을 **시장**에서 판매함.

예문 우리 요구르트가 새롭게 ☐☐ 되었어요.

市 내
안 內

뜻 **도시** 안. ⑮ 시외

예문 주말에 ☐☐ 의 번화가로 나섰다.

* 이 어휘에서는 '도시'의 뜻으로 써요.

市 외
바깥 外

뜻 **도시** 밖. ⑮ 시내

예문 ☐☐ 로 가는 버스를 타러 가고 있어.

* 이 어휘에서는 '도시'의 뜻으로 써요.

市 민
백성 民

뜻 한 **도시** 안에 살고 있는 사람.

예문 ☐☐ 들이 공원에서 산책을 해요.

* 이 어휘에서는 '도시'의 뜻으로 써요.

1 다음 글 안에 있는 한자의 뜻과 소리를 쓰세요.

버스를 타고 **市**외로 나가요.

(뜻) _____

(소리) _____

2 빈칸에 공통으로 들어갈 한자 어휘에 ○ 하세요.

- 오늘부터 새롭게 [ ]하는 만두를 맛보세요.
- 손꼽아 기다리던 신상 장난감이 오늘부터 [ ]된다.

시판

시중

3 밑줄 친 부분의 뜻을 가진 한자 어휘를 찾아 선을 이으세요.

(1) <u>도시 안</u>은 차가 많아 교통이 혼잡해요. •

• ㉠ 시민

(2) <u>한 도시 안에 살고 있는 사람</u>을 위한 공원이 생겼어요. •

• ㉡ 시내

도움말 다른 하나는 '때 시(時)'를 써요.

4 다음 문장을 읽고 '市'가 쓰인 한자 어휘가 들어 있는 문장에 ✓ 하세요.

[ ] ① 알람 <u>시간</u>을 오전 8시로 맞췄어요.

[ ] ② 우리는 <u>시장</u>에 가면 꽈배기 가게에 꼭 들러요.

1 다음 글 안에 있는 한자의 뜻과 소리를 쓰세요.

> 할아버지 댁은 도市에서 멀리 떨어진 강村이다. 우리가 가면 할아버지는 洞구 밖까지 나와 우리를 맞아 주신다. 우리가 온다고 邑내 오일장에서 간식도 사 오신다. 그리고 우리 할아버지는 마을을 위해 봉사하시는 멋진 里장님이시다.

(1) 市 (　　　　　　　　)　　(2) 村 (　　　　　　　　　　)

(3) 洞 (　　　　　　　　)　　(4) 邑 (　　　　　　　　　　)

(5) 里 (　　　　　　　　)

2 <보기>의 글자 카드에서 알맞은 글자를 찾아 한자 어휘를 완성하세요.

| 보기 |
| 시 　 읍 　 촌 　 동 　 리 |

(1) 우리는 서울 [　] 내 를 돌아다니며 구경했다.
　　↳ **도시** 안.

(2) 우리 아빠는 작은 어 [　] 에서 태어나고 자라셨대요.
　　↳ 어민들이 모여 사는 바닷가 **마을**.

(3) 고구려의 유리왕은 도 [　] 을/를 국내성으로 옮겼어요.
　　↳ 한 나라의 **수도**.

3 다음 뜻과 예문에 맞는 한자 어휘를 초성을 참고하여 쓰세요.

(1)

ㅅ	ㅍ

　　뜻 　상품을 **시장**에서 판매함.
　　예문 　새로 나온 우유가 할인된 가격으로 ○○됩니다.

(2)

ㄷ	ㄱ

　　뜻 　자연적으로 생긴 깊고 넓은 큰 **굴**.
　　예문 　곰은 ○○에서 마늘과 쑥만 먹고 인간이 되었대.

4 가로 열쇠, 세로 열쇠를 풀어 낱말 퍼즐을 완성하세요.

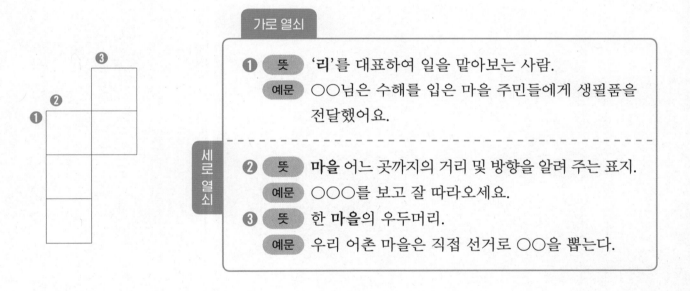

가로 열쇠

❶ 뜻 　'**리**'를 대표하여 일을 맡아보는 사람.
　 예문 　○○님은 수해를 입은 마을 주민들에게 생필품을 전달했어요.

세로 열쇠

❷ 뜻 　**마을** 어느 곳까지의 거리 및 방향을 알려 주는 표지.
　 예문 　○○○를 보고 잘 따라오세요.

❸ 뜻 　한 **마을**의 우두머리.
　 예문 　우리 어촌 마을은 직접 선거로 ○○을 뽑는다.

5 다음 글을 읽고 밑줄 친 한자 어휘 중 '市'가 쓰인 것을 모두 찾아 쓰세요.

> 수원 시립 미술관에서 이번 달부터 한국화를 주제로 한 전시를 엽니다. 관람 기간은 이번 년도 말일까지입니다. 시민 여러분들의 많은 관심 부탁드립니다.

(　　　　, 　　　　)

08 자연·3

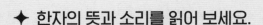

월   일

✦ 한자의 뜻과 소리를 읽어 보세요.

自

뜻 **스스로** 소리 **자**

*'스스로'의 뜻이 있어요.

자신을 표현할 때 가리키는 코의 모양을 본뜬 글자예요.

✦ 한자 어휘를 소리 내 읽어 보고 빈칸에 한자 어휘를 쓰세요.

自 習
익힐 習

뜻 **스스로** 배워서 익힘.

예문 서연이는 ☐☐ 으로 한자 6급 시험에 합격했어요.

自 책
꾸짖을 責

뜻 **스스로**의 잘못을 꾸짖음.

예문 나 때문에 친구가 다친 것 같아서 ☐☐ 하게 된다.

自 백
흰 白

뜻 자기가 저지른 잘못을 **스스로** 고백함.

예문 언니의 추궁에 나도 모르게 잘못을 ☐☐ 해 버렸다.

自 신 감
믿을 信   느낄 感

뜻 어떤 일을 **스스로** 해낼 수 있다고 믿는 마음.

예문 내 ☐☐☐ 의 원천은 꾸준한 연습이야.

1 다음 글 안에 있는 한자의 뜻과 소리를 쓰세요.

> 친구는 나에게 **自**신감을 갖고 발표하라며 응원했어요.

(뜻) _____

(소리) _____

2 빈칸에 들어갈 한자 어휘에 ○ 하세요.

> 어젯밤에 몰래 학원을 빠진 사실을 들켜서 부모님께 혼났다. 부모님을 실망시켰다는 생각에 자꾸만 [   ] 하는 마음이 들었다.

자신
- - - - - - -
자책

3 밑줄 친 부분의 뜻을 가진 한자 어휘를 찾아 선을 이으세요.

(1) | 나는 <u>스스로 배워서 익히는</u> 것을 좋아해요. | • | • ㉠ | 자백

(2) | 범인은 <u>자기가 저지른 잘못을 스스로 고백했어요.</u> | • | • ㉡ | 자습

어휘쑤트!

도움말 다른 하나는 '손윗누이 자(姉)'를 써요.

4 다음 문장을 읽고 '自'가 쓰인 한자 어휘가 들어 있는 문장에 ✓ 하세요.

[ ] ① 오빠는 항상 <u>자기</u>보다 나를 먼저 챙겨요.

[ ] ② 내 친구는 서로를 똑 닮은 쌍둥이 <u>자매</u>예요.

✦ 한자의 뜻과 소리를 읽어 보세요.

뜻   소리
그럴 **연**

* '그러하다'의 뜻이 있어요.

고개를 끄덕이는 아이들처럼 마땅히 그렇다는 것을 나타낸 글자예요.

✦ 한자 어휘를 소리 내 읽어 보고 빈칸에 한자 어휘를 쓰세요.

당 然
마땅 當

뜻   마땅히 **그러함**.

예문   친구와 다투면 기분이 상하는 게 [　][　]해.

천 然
하늘 天

뜻   사람의 힘을 가하지 않은 **그러한** 상태.

예문   이 주스는 [　][　] 과즙이 100% 함유되어 있어요.

자 然
스스로 自

뜻   사람이 만든 것이 아닌 저절로 **그러한** 모든 사물과 환경.

예문   아마존은 천혜의 [　][　] 환경을 자랑합니다.

然 후
뒤 後

뜻   **그런** 뒤.

예문   졸업식이 끝난 [　][　]에는 모두 귀가하세요.

1 다음 글 안에 있는 한자의 뜻과 소리를 쓰세요.

> 이 지역은 아직 개발되지 않아서 자**然** 환경을 그대로 보존하고 있습니다.

뜻 _____

소리 _____

2 빈칸에 들어갈 한자 어휘를 <보기>에서 찾아 쓰세요.

보기

당연	우연	천연	돌연

(1) 상을 받으면 (　　　　　　)히 기분이 좋지요.

(2) 커피 찌꺼기로(　　　　　　) 방향제를 만들었어요.

3 밑줄 친 부분의 뜻을 가진 한자 어휘에 ○ 하세요.

> 친구와 싸워서 울며 선생님을 찾아갔다. 선생님은 내 울음이 그칠 때까지 기다려 주셨고, 그런 뒤에 어떻게 된 일인지 물으셨다.

연후

전후

어휘추론!

4 다음 한자 어휘 중 '然'이 쓰인 것에 ✔ 하세요.

☐ ① 연말 ➤ 한 해의 마지막 무렵.

☐ ② 필연 ➤ 반드시 그렇게 되는 일.

✦ 한자의 뜻과 소리를 읽어 보세요.

뜻 소리
내 천

* '시내, 냇물'의 뜻이 있어요.

언덕 사이로 물이 흐르는 모양을 본뜬 글자예요.

✦ 한자 어휘를 소리 내 읽어 보고 빈칸에 한자 어휘를 쓰세요.

하 川
물河

뜻 강과 **시내**.

예문 ⬚⬚ 에 오리가 떼 지어 다녀요.

대 川
큰大

뜻 큰 **시내**.

예문 이 지역에는 맑은 ⬚⬚ 이 흘러요.

청 川
맑을淸

뜻 맑은 물이 흐르는 **시내**.

예문 비가 온 뒤로 ⬚⬚ 이 갑자기 흙탕물이 되었다.

산 川
메山

뜻 산과 **냇물**. 자연을 아우르는 말.

예문 아름다운 ⬚⬚ 이 마치 그림 같구나.

1 다음 글 안에 있는 한자의 뜻과 소리를 쓰세요.

봄이 되니 개川을 따라 벚꽃이 피었어요.

뜻 _____

소리 _____

2 빈칸에 들어갈 한자 어휘를 초성을 참고하여 쓰세요.

까르르 웃으며 물장구치는 소리에 뒤를 돌아보았다. 저 멀리 있는 ▢에서 아이 서너 명이 물놀이를 하고 있었다.

ㅊ	ㅊ

3 밑줄 친 부분의 뜻을 가진 한자 어휘에 ○ 하세요.

(1) 산과 냇물에 봄의 기운이 가득해요.

대천	산천

(2) 폭우가 내려 강과 시내의 물이 불어났어요.

하천	해양

어휘추론!

4 다음 한자 어휘의 뜻을 보고 어휘를 알맞게 사용한 친구를 고르세요.   (   )

천변 ⌒ 냇물의 주변.

① 소윤: 천변에서 오리들이 물을 마시며 쉬고 있어요.

② 상진: 일본은 지진, 태풍 같은 천변이 자주 일어나요.

✦ 한자의 뜻과 소리를 읽어 보세요.

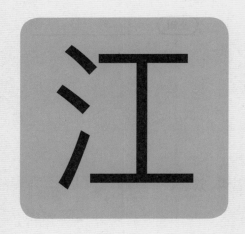

뜻 **강** 소리 **강**

＊'강'의 뜻이 있어요.

하천보다 큰 물(氵)인 강을 나타낸 글자예요.

✦ 한자 어휘를 소리 내 읽어 보고 빈칸에 한자 어휘를 쓰세요.

江 변
가 邊

뜻 **강**의 가장자리에 잇닿은 땅.

예문 우리는 ⬜⬜ 에 텐트를 치고 놀았어요.

江 산
메 山

뜻 **강**과 산. 자연의 경치.

예문 ⬜⬜ 에 눈이 내려 멋진 풍경이 되었어.

江 남
남녘 南

뜻 **강**의 남쪽 지역.

예문 ⬜⬜ 에서 집에 가려면 다리를 건너야 해요.

江 폭
폭 幅

뜻 **강**의 너비.

예문 강의 아래쪽으로 갈수록 ⬜⬜ 이 넓고 모래가 많다.

1 다음 글 안에 있는 한자의 뜻과 소리를 쓰세요.

> 피서객들이 江변에서 물놀이를 해요.

(뜻) _____

(소리) _____

2 빈칸에 들어갈 한자 어휘를 찾아 선을 이으세요.

(1) 산촌에 노을이 지기 시작하자 주변 [ ]이 모두 햇빛으로 붉게 물들었습니다.

•   • ㉠ 강산

(2) 한강은 [ ]이 넓어서 다리를 건널 때 걸어가는 것보다 차로 건너가는 것이 더 편하다고 합니다.

•   • ㉡ 강폭

3 밑줄 친 부분의 뜻을 가진 한자 어휘에 ○ 하세요.

> 추운 겨울이 되면 제비, 두루미 등은 따뜻한 곳을 찾아 강의 남쪽으로 날아가요. 이런 새들을 '철새'라고 해요.

강남

강산

도움말 다른 하나는 '내릴 강(降)'을 써요.

4 다음 문장을 읽고 '江'이 쓰인 한자 어휘가 들어 있는 문장에 ✓ 하세요.

[ ] ① 올해는 강수량이 적어 땅이 건조합니다.

[ ] ② 서울은 한강을 중심으로 강북과 강남으로 나뉜다.

월   일

✦ 한자의 뜻과 소리를 읽어 보세요.

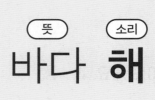

뜻 **바다** 소리 **해**

* '바다'의 뜻이 있어요.

항상(每) 물(氵)이 있는 바다를 나타낸 글자예요.

✦ 한자 어휘를 소리 내 읽어 보고 빈칸에 한자 어휘를 쓰세요.

海 변
가 邊

> 뜻 **바다**와 육지가 맞닿은 곳이나 그 근처.
>
> 예문 사람들이 [ ][ ] 에 누워 있어요.

海 외
바깥 外

> 뜻 **바다** 밖의 다른 나라. 🔄 국내
>
> 예문 이번 여름에 [ ][ ] 여행을 가기로 했어요.

海 저
밑 底

> 뜻 **바다**의 밑바닥.
>
> 예문 바닷속 깊은 곳에 거대한 [ ][ ] 터널이 있다.

海 녀
여자 女

> 뜻 **바다**에 들어가 해산물을 따는 것을 직업으로 하는 여자.
>
> 예문 제주도에는 오랜 경력의 [ ][ ] 가 많아요.

1 다음 글 안에 있는 한자의 뜻과 소리를 쓰세요.

海녀가 전복을 따고 있어요.

(뜻) _____

(소리) _____

2 빈칸에 들어갈 한자 어휘를 초성을 참고하여 쓰세요.

내 친구 은서가 이민을 간다고 한다. 은서의 아버지가 [   ]에서 일하게 되었기 때문이다. 속상하지만 어른이 되면 꼭 만나러 가고 싶다.

ㅎ	ㅇ

3 밑줄 친 부분의 뜻을 가진 한자 어휘를 찾아 선을 이으세요.

(1) 기후 변화로 <u>바다와 육지가 맞닿은 곳</u>이 점점 줄고 있다. •

• ㉠ 해저

(2) <u>바다의 밑바닥</u>에 아직도 알려지지 않은 생물들이 많대요. •

• ㉡ 해변

도움말 다른 하나는 '해할 해(害)'를 써요.

4 다음 문장을 읽고 '海'가 쓰인 한자 어휘가 들어 있는 문장에 ✓ 하세요.

[ ] ① 나는 문어나 전복 같은 <u>해산물</u>을 좋아해요.

[ ] ② 여름철에는 모기나 파리 등의 <u>해충</u>이 많아요.

1 다음 글 안에 있는 한자의 뜻과 소리를 쓰세요.

> 나는 요즘 **自然** 보호에 관심이 생겼다. 뉴스에서 하**川**의 오염으로 **江**물의 색깔이 변하는 것을 보았기 때문이다. 또 바다에서도 거대한 **海**양 쓰레기가 넘쳐 나서 바다 생물들이 죽어 간다고 한다. 이제부터 분리수거를 열심히 할 거다.

(1) 自 (   )   (2) 然 (   )

(3) 川 (   )   (4) 江 (   )

(5) 海 (   )

2 가로 열쇠, 세로 열쇠를 풀어 낱말 퍼즐을 완성하세요.

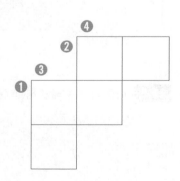

가로 열쇠

❶ 뜻 **강**의 가장자리에 잇닿은 땅.
   예문 ○○에 오리들이 무리 지어 쉬고 있어요.

❷ 뜻 **바다**에 들어가 해산물을 따는 것을 직업으로 하는 여자.
   예문 ○○들이 직접 따 온 전복을 샀어요.

세로 열쇠

❸ 뜻 **강**의 너비.
   예문 ○○이 좁아서 얕아 보여도 수심이 깊으니 조심해야 해요.

❹ 뜻 **바다**와 육지가 맞닿은 곳이나 그 근처.
   예문 ○○의 모래사장에서 맨발로 걸었어요.

3 빈칸에 들어갈 한자 어휘를 <보기>에서 찾아 쓰세요.

보기

| 당연 | 해저 | 자신감 | 해외 |

(1) 바다 아래로 지나가는 터널을 (   ) 터널이라고 한다.

(2) 태권도 실력이 늘어서 대련에도 (   )이/가 붙기 시작했어요.

(3) 수업을 제대로 듣지 않았으니 시험을 망친 것은 (   )한 결과다.

4 한자 어휘의 뜻을 읽어 보고 빈칸에 공통으로 들어갈 글자를 쓰세요.

- 대☐ : 큰 시내.
- 하☐ : 강과 시내.
- 청☐ : 맑은 물이 흐르는 시내.
- 산☐ : 산과 냇물. 자연을 아우르는 말.

(   )

5 다음 대화를 읽고 밑줄 친 한자 어휘 중 '自'가 쓰인 것을 모두 찾아 쓰세요.

유미: 아까 승민이가 내 자리로 와서 왜 어제 자기만 빼고 놀았는지 물었어.

정연: 게임 중에 자꾸 욕을 하잖아. 공격적인 자세로 남을 대했으니 자업자득이지.

(,   )

09 사람·2

지난주의 한자 배운 한자를 떠올리며 빈칸에 뜻과 소리를 쓰세요.

自   然   川   江   海

____   ____   ____   ____   ____

✦ 한자의 뜻과 소리를 읽어 보세요.

姓

뜻 소리
성   성

*'성'의 뜻이 있어요.

엄마(女)가 아기를 낳으면(生) 정해지는 성을 나타낸 글자예요.

✦ 한자 어휘를 소리 내 읽어 보고 빈칸에 한자 어휘를 쓰세요.

姓 명
이름 名

뜻 **성**과 이름.

예문 검진표에 ☐☐ 을 적어 주세요.

姓 씨
성씨 氏

뜻 **성**을 높여서 이르는 말.

예문 할머니의 ☐☐ 는 '정' 씨라고 하셨어.

동 姓
한가지 同

뜻 같은 **성**. 반 이성

예문 나와 내 짝꿍은 같은 '한' 씨인 ☐☐ 이다.

희 姓
드물 稀

뜻 매우 드문 **성**.

예문 아빠는 우리나라에서 ☐☐ 인 '국' 씨다.

1 다음 글 안에 있는 한자의 뜻과 소리를 쓰세요.

우리나라에서 가장 많은 **姓**은 '김'이다.

뜻 _____

소리 _____

2 빈칸에 들어갈 한자 어휘를 초성을 참고하여 쓰세요.

(1) 은별이는 우리나라에서 [   ]인 '라' 씨다.

ㅎ | ㅅ

(2) 나는 어머니의 [   ]을/를 물려받아 '이' 씨가 되었다.

ㅅ | ㅆ

3 밑줄 친 부분의 뜻을 가진 한자 어휘에 ○ 하세요.

(1) 신청서에 성과 이름을 적어 주세요.

성명 | 희성

(2) 영진이랑 나는 같은 성으로 '탁' 씨다.

이성 | 동성

어휘추론!

도움말 다른 하나는 '이룰 성(成)'을 써요.

4 다음 문장을 읽고 '姓'이 쓰인 한자 어휘가 들어 있는 문장에 ✔ 하세요.

[ ] ① 백성은 나라의 국민을 이르는 옛말이에요.

[ ] ② 낱말 퍼즐을 완성하는 데 1시간이나 걸렸다.

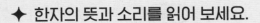

월   일

✦ 한자의 뜻과 소리를 읽어 보세요.

뜻 소리

이름 명

*'이름, 이름나다'의 뜻이 있어요.

어두운 저녁(夕)에 서로 이름을 물어본 (口) 것을 나타낸 글자예요.

✦ 한자 어휘를 소리 내 읽어 보고 빈칸에 한자 어휘를 쓰세요.

개 名
고칠 改

뜻 **이름**을 고침.

예문 몇몇 지역은 순우리말 이름으로 [   ][   ]되었다.

별 名
다를 別

뜻 외모나 성격 등의 특징을 바탕으로 남들이 부르는 **이름**.

예문 우리 반 담임 선생님의 [   ][   ]은 '천사'예요.

名 작
지을 作

뜻 **이름난** 훌륭한 작품. 비 걸작

예문 셰익스피어의 작품은 [   ][   ]으로 평가받는다.

名 언
말씀 言

뜻 훌륭하여 **이름난** 말.

예문 오늘 책에서 읽은 [   ][   ]을 적어 두어야지.

1 다음 글 안에 있는 한자의 뜻과 소리를 쓰세요.

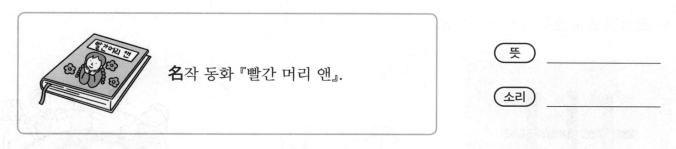

名작 동화 『빨간 머리 앤』.

뜻 ＿＿＿＿＿＿＿

소리 ＿＿＿＿＿＿＿

2 빈칸에 들어갈 한자 어휘를 <보기>에서 찾아 쓰세요.

보기

명작	명언	별명	명찰

(1) 내 동생의 어릴 적 (　　　　　)은 '뿡뿡이'예요.

(2) 내가 좋아하는 (　　　　　)은 소크라테스의 '너 자신을 알라'이다.

3 밑줄 친 부분의 뜻을 가진 한자 어휘를 찾아 선을 이으세요.

(1) 나는 어릴 때 이름을 고쳤어요. ・

(2) 베토벤의 교향곡은 이름난 훌륭한 작품이지. ・

・㉠ 명작

・㉡ 개명

어휘 추른!

도움말 다른 하나는 '목숨 명(命)'을 써요.

4 다음 문장을 읽고 '名'이 쓰인 한자 어휘가 들어 있는 문장에 ✔ 하세요.

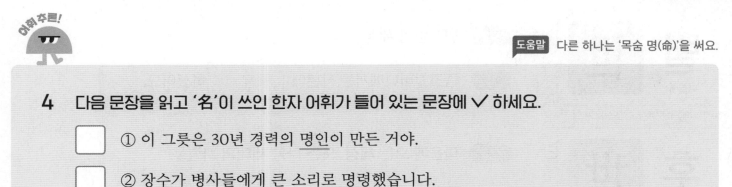

① 이 그릇은 30년 경력의 명인이 만든 거야.

② 장수가 병사들에게 큰 소리로 명령했습니다.

✦ 한자의 뜻과 소리를 읽어 보세요.

뜻 **인간** 소리 **세**

＊ '인간'의 뜻이 있어요.
＊ '세상, 세대'라는 뜻도 있어요.

사람과 사람이 이루고 사는 세상을 나타낸 글자예요.

✦ 한자 어휘를 소리 내 읽어 보고 빈칸에 한자 어휘를 쓰세요.

世 상
윗 上

뜻 여러 **사람**이 함께 사는 사회. 지구 위 전체.

예문 ☐☐ 에는 다양한 인종의 사람이 살아요.

世 계
지경 界

뜻 지구상의 모든 나라, 또는 **인간** 사회 전체.

예문 올림픽은 ☐☐ 의 축제나 다름없지.

별 世
다를 別

뜻 윗사람이 **세상**을 떠남.

예문 증조할머니께서는 작년에 ☐☐ 하셨어요.

＊이 어휘에서는 '세상'의 뜻으로 써요.

후 世
뒤 後

뜻 다음에 오는 **세상**, 또는 다음 **세대**의 사람들.

예문 뛰어난 과학자가 되어 내 이름을 ☐☐ 에 남길 거야.

＊이 어휘에서는 '세상, 세대'의 뜻으로 써요.

1 다음 글 안에 있는 한자의 뜻과 소리를 쓰세요.

> 어젯밤에 『60일간의 **世**계 일주』라는 소설을 읽었어.

뜻 _____

소리 _____

2 빈칸에 들어갈 한자 어휘를 글자 카드에서 찾아 만들어 쓰세요.

(1) 온 ( )이/가 하얀 눈으로 덮였어요.

| 세 | 대 | 상 |

(2) 삼촌은 오랜 투병 끝에 ( )하셨다.

| 별 | 세 | 후 |

3 밑줄 친 부분의 뜻을 가진 한자 어휘에 ○ 하세요.

> 우리는 지금 세대의 사람들뿐만 아니라 다음 세대의 사람들을 위해 자연 보호에 힘써야 합니다.

후세

별세

4 다음 한자 어휘 중 '世'가 쓰인 것에 ✔ 하세요.

☐ ① 세대차 ➡ 서로 다른 세대들 간의 생각의 차이.

☐ ② 세차장 ➡ 자동차를 씻을 수 있도록 시설을 갖추어 놓은 곳.

✦ 한자의 뜻과 소리를 읽어 보세요.

뜻 소리

살 활

* '살다'의 뜻이 있어요.
* '활발하다'의 뜻도 있어요.

몸에 물(氵)이 있어야 살 수 있다는 것을 나타낸 글자예요.

✦ 한자 어휘를 소리 내 읽어 보고 빈칸에 한자 어휘를 쓰세요.

活 력
힘 力

뜻   **살아** 움직이는 힘.

예문   종일 굶다가 밥을 먹으니 ☐☐ 을 되찾았다.

活 용
쓸 用

뜻   어떤 것의 쓰임이나 능력을 **살려** 씀.

예문   아침을 줄넘기 연습 시간으로 ☐☐ 해 보자.

생 活
날 生

뜻   사람이나 동물이 일정한 환경에서 활동하며 **살아감**.

예문   나라마다 ☐☐ 방식이 달라요.

活 기
기운 氣

뜻   **활발한** 기운.

예문   공원에는 운동하는 사람들의 ☐☐ 가 넘쳐요.

* 이 어휘에서는 '활발하다'의 뜻으로 써요.

1 다음 글 안에 있는 한자의 뜻과 소리를 쓰세요.

 시장 거리에 **活**기가 넘쳐요.

뜻 _____

소리 _____

2 빈칸에 들어갈 한자 어휘를 글자 카드에서 찾아 만들어 쓰세요.

(1) 늦게 자는 ( ) 습관을 고칠 거예요.

생 기 활

(2) 나는 페트병을 화분으로 ( )해요.

력 용 활

3 다음 한자 어휘의 알맞은 뜻에 ○ 하세요.

(1) 활기 (활발한 , 강력한) 기운.

(2) 활력 (멈춰 있는 , 살아 움직이는) 힘.

4 다음 한자 어휘의 예문을 읽어 보고 뜻에 알맞은 말에 ○ 하세요.

활화산

예문 펄펄 끓어오르는 모습이 마치 활화산 같아.

뜻 현재도 용암이 끓어오르며 (활동 , 휴식)하는 화산.

✦ 한자의 뜻과 소리를 읽어 보세요.

뜻   소리

목숨 명

* '목숨'의 뜻이 있어요.
* 옛날엔 목숨을 걸고 따라야 했던 '명령'의 뜻도 있어요.

으악!

물에 빠져 생명의 위협을 느끼고 있는 아이처럼 목숨을 나타낸 글자예요.

✦ 한자 어휘를 소리 내 읽어 보고 빈칸에 한자 어휘를 쓰세요.

수 命
목숨 壽

> 뜻   **목숨**이 붙어 있는 기간.
>
> 예문   개나 고양이는 사람보다 ☐☐ 이 짧아요.

생 命
날 生

> 뜻   **목숨**이 붙어 있게 하는 힘.
>
> 예문   작은 ☐☐ 도 소중하게 여기자.

구 命
구원할 救

> 뜻   사람의 **목숨**을 구함.
>
> 예문   수영장에 들어갈 때는 ☐☐ 조끼를 입어요.

임 命
맡길 任

> 뜻   어떤 일을 맡도록 **명령함**.
>
> 예문   나는 우리 반 회장으로 ☐☐ 되었다.

* 이 어휘에서는 '명령'의 뜻으로 써요.

1 다음 글 안에 있는 한자의 뜻과 소리를 쓰세요.

신라의 김유신은 대장군으로 임**命**되었어요.

뜻 _____

소리 _____

2 빈칸에 들어갈 한자 어휘를 찾아 선을 이으세요.

(1) 그분은 나를 구해 준 [ ]의 은인이다.   •   • ㉠ 수명

(2) 인간의 평균 [ ]이 해마다 오르고 있다.   •   • ㉡ 생명

3 밑줄 친 부분의 뜻을 가진 한자 어휘에 ○ 하세요.

바다에 빠진 선원들의 목숨을 구하기 위해 해양 구조대가 긴급 출동했다. 해가 지기 전에 구조 활동이 이루어져야 하기 때문이다.

유명

구명

어휘추론!

도움말 다른 하나는 '새길 명(銘)'을 써요.

4 다음 문장을 읽고 '命'이 쓰인 한자 어휘가 들어 있는 문장에 ✔ 하세요.

[ ] ① 선생님은 학교생활에서 명심해야 할 점을 설명하셨다.

[ ] ② 나는 커서 많은 사람을 구하는 인명 구조원이 되고 싶어요.

1 다음 글 안에 있는 한자의 뜻과 소리를 쓰세요.

> 한글이 있기 전까지 백**姓**은 거의 글을 몰라 자신의 성**名**도 쓰지 못하고 일상생**活**에서 어려움을 겪었어요. 이 모습을 본 세종 대왕은 백성들도 글을 알게 하고 싶다는 사**命**감으로 한글을 창제했어요. 오늘날 한글은 **世**계에서 매우 우수한 문자로 평가받고 있어요.

(1) **姓** (   )   (2) **名** (   )

(3) **活** (   )   (4) **命** (   )

(5) **世** (   )

2 <보기>의 글자 카드에서 알맞은 글자를 찾아 한자 어휘를 완성하세요.

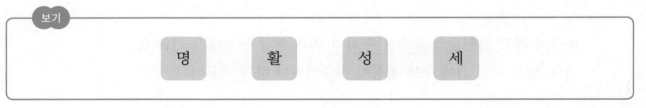

> 보기
>
> 명   활   성   세

(1) 저는 아버지의 [| **씨**] 를 따라서 '석' 씨입니다.

   ↳ **성**을 높여서 이르는 말.

(2) 우리는 고흐의 [| **작**] 이 전시된 미술관에 갔어요.

   ↳ **이름난** 훌륭한 작품.

(3) 우리 가족은 베란다를 상추 키우는 자리로 [| **용**] 하고 있어요.

   ↳ 어떤 것의 쓰임이나 능력을 **살려** 이용함.

3 다음 뜻과 예문에 맞는 한자 어휘를 초성을 참고하여 쓰세요.

(1) | ㅎ | ㄱ |

뜻 **활발한** 기운.

예문 고모는 수술 이후에 몸이 회복되면서 ○○를 되찾으셨다.

(2) | ㅅ | ㄱ |

뜻 지구상의 모든 나라, 또는 **인간** 사회 전체.

예문 ○○ 지도를 펼쳐 놓고 다양한 나라를 찾아보자.

4 다음 뜻과 예문에 맞는 한자 어휘를 글자판에서 찾아 묶으세요.

① 뜻 같은 **성**.

예문 내 성은 흔해서 ○○인 사람이 많다.

② 뜻 **이름**을 고침.

예문 승규의 ○○ 전 이름은 '승찬'이다.

③ 뜻 윗사람이 **세상**을 떠남.

예문 어머니의 옛 스승님께서 ○○하셨어요.

④ 뜻 사람이나 동물이 일정한 환경에서 활동하며 **살아감**.

예문 방학 숙제로 개미집을 만들어 개미의 ○○을 관찰했다.

수	개	숙	동
용	명	색	성
한	의	별	세
생	활	사	지

5 다음 글을 읽고 밑줄 친 어휘 중 '名'이 쓰인 것을 찾아 쓰세요.

설악산은 우리나라 사람들이 많이 찾는 <u>명산</u>으로 유명합니다. <u>청명</u>한 날씨에 오르면 아름다운 풍경이 펼쳐집니다. 특히 설악산의 3대 폭포는 <u>투명</u>한 물줄기가 힘차게 떨어지는 모습이 장관입니다.

(   )

10 배움·2

✦ 한자의 뜻과 소리를 읽어 보세요.

뜻 · 소리
읽을 독

* '읽다'의 뜻이 있어요.

소리 내어 글(言)을 읽는 것을 나타낸 글자예요.

✦ 한자 어휘를 소리 내 읽어 보고 빈칸에 한자 어휘를 쓰세요.

讀 서
글 書

> 뜻   책을 **읽음**.
>
> 예문   나는 매일 한 권씩 ☐☐를 하고 있어.

讀 해
풀 解

> 뜻   글을 **읽어서** 뜻을 이해함.
>
> 예문   책을 많이 읽으면 ☐☐를 잘하게 됩니다.

낭 讀
밝을 朗

> 뜻   글을 소리 내어 **읽음**.   빤 묵독
>
> 예문   국어 시간에 친구들 앞에서 시 ☐☐을 했다.

讀 자
사람 者

> 뜻   책, 신문, 잡지 등을 **읽는** 사람.
>
> 예문   이 책의 제목은 ☐☐의 흥미를 끄는 것 같아.

1 다음 글 안에 있는 한자의 뜻과 소리를 쓰세요.

> 가을은 **讀**서하기에 좋은 계절이야.

뜻 _____

소리 _____

2 빈칸에 들어갈 한자 어휘를 <보기>에서 찾아 쓰세요.

보기

독립	독자	독해	독특

(1) 그 글은 너무 길고 복잡해서 (   )하기가 어렵다.

(2) 내 동생은 작년부터 판타지 소설의 열혈 (   )이/가 되었다.

3 밑줄 친 부분의 뜻을 가진 한자 어휘를 찾아 선을 이으세요.

> 작가와의 만남 행사에 참석하기 위해 그 ① 책을 읽은 사람들이 삼삼오오 모였다. 작가는 자신의 작품에서 가장 아끼는 부분을 ② 소리 내어 읽었다.

① •   • ㉠ 낭독

② •   • ㉡ 독자

4 다음 문장을 읽고 '讀'이 쓰인 한자 어휘가 들어 있는 문장에 ✓ 하세요.

☐ ① 학교 도서관에서는 매해 다독한 어린이를 뽑아 상을 준다.

☐ ② 나와 우리 언니는 이번 동요 대회의 독창 부문으로 출전했다.

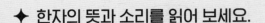

월   일

✦ 한자의 뜻과 소리를 읽어 보세요.

書

(뜻) (소리)
글   서

＊'글, 글자, 책'의 뜻이 있어요.

붓으로 글을 쓰는 것을 나타낸 글자예요.

✦ 한자 어휘를 소리 내 읽어 보고 빈칸에 한자 어휘를 쓰세요.

書 류
무리 類

> (뜻) **글자**로 기록한 문서.
>
> (예문) 입학에 필요한 ☐☐를 알려 주세요.

도 書
그림 圖

> (뜻) **책**. 어떤 생각이나 감정을 글, 그림으로 표현해 인쇄하여 묶어 놓은 것.
>
> (예문) ☐☐ 전시회에 가서 책을 구경했다.

書 점
가게 店

> (뜻) **책**을 갖추어 놓고 팔거나 사는 가게.   (비) 책방
>
> (예문) 학교 앞 ☐☐에서 문제집을 샀다.

書 평
평할 評

> (뜻) **책**의 내용에 대해 좋고 나쁨 등을 평가하는 글.
>
> (예문) 책을 읽고 간단히 ☐☐을 썼다.

1 다음 글 안에 있는 한자의 뜻과 소리를 쓰세요.

> 쉬는 날이면 엄마와 書점에 가서 책을 골라요.

뜻 _____

소리 _____

2 다음 문장을 읽고 빈칸에 들어갈 한자 어휘를 찾아 선을 이으세요.

(1) 체험 학습을 신청하려면 미리 [　　] 를 내세요.　　•

•　㉠　도서

(2) 도서관 회원증을 만들면 [　　] 를 빌릴 수 있어요.　　•

•　㉡　서류

3 다음 뜻을 가진 한자 어휘를 초성을 참고하여 쓰세요.

(1) 나는 커서 책을 갖추어 놓고 팔거나 사는 가게 주인이 되고 싶어.　ㅅ　ㅈ

(2) 책의 내용에 대해 좋고 나쁨 등을 평가하는 글을 먼저 읽어 보았다.　ㅅ　ㅍ

어휘추론!

도움말 다른 하나는 '천천할 서(徐)'를 써요.

4 다음 문장을 읽고 '書'가 쓰인 한자 어휘가 들어 있는 문장에 ✔ 하세요.

[　] ① 학교 앞에서는 서행 운전을 해야 한다.

[　] ② 서예 시간에 글씨를 잘 써서 선생님께 칭찬을 받았다.

월 　　일

✦ 한자의 뜻과 소리를 읽어 보세요.

뜻 　소리

물을 　문

*'묻다, 문제'의 뜻이 있어요.

무엇을 말(口)로 물어보는 것을 나타낸 글자예요.

✦ 한자 어휘를 소리 내 읽어 보고 빈칸에 한자 어휘를 쓰세요.

問 제
제목 題

> 뜻 　해답을 요구하는 **물음**. 논쟁, 논의, 연구 등의 대상이 되는 것.

예문 　난 머리가 복잡할 때 수학 ☐☐ 를 풀곤 해.

問 의
의논할 議

> 뜻 　**물어서** 의논함. 　 비 질문

예문 　답이 안 나오는 문제는 선생님에게 ☐☐ 하세요.

問 답
대답 答

> 뜻 　**물음**과 대답.

예문 　이 책은 서로 묻고 답하는 ☐☐ 형식이야.

의 問
의심할 疑

> 뜻 　의심스럽게 생각함, 또는 그런 **문제**나 사실.

예문 　왜 심심할 땐 시간이 안 가는지 ☐☐ 이야.

1 다음 글 안에 있는 한자의 뜻과 소리를 쓰세요.

숙제로 연습 問제를 풀어 보기로 했어요.

뜻 _____

소리 _____

2 빈칸에 들어갈 한자 어휘를 글자 카드에서 찾아 만들어 쓰세요.

(1) 이번 강연의 마지막 시간은 서로 (　　　　) 을/를 주고받는 형식으로 진행됩니다.

답　　문　　병

(2) 내가 아끼던 인형이 갑자기 어디로 온데간데 없이 사라졌는지 (　　　　)(이)야.

의　　답　　문

3 밑줄 친 부분의 뜻을 가진 한자 어휘를 찾아 선을 이으세요.

(1) 이상 기후 현상은 모두가 함께 고민해야 할 <u>논의, 연구의 대상이 되는 것</u>이라고 생각해.

・

・㉠ 문의

(2) 이따가 교무실에 가서 방과 후 수업 신청을 어떻게 하면 되는지 선생님께 <u>물어서 의논하려고</u> 해.

・

・㉡ 문제

어휘추론!

도움말 다른 하나는 '들을 문(聞)'을 써요.

4 다음 문장을 읽고 '問'이 쓰인 한자 어휘가 들어 있는 문장에 ✓ 하세요.

☐ ① 이 설문지는 10개의 <u>문항</u>으로 되어 있어요.

☐ ② 요즘은 온라인으로 <u>신문</u>을 보는 사람이 많다.

월   일

✦ 한자의 뜻과 소리를 읽어 보세요.

뜻   소리
대답 **답**

* '대답'의 뜻이 있어요.
* '갚다'의 뜻도 있어요.

손을 들어 대답하는 아이처럼 답하는 것을 나타낸 글자예요.

✦ 한자 어휘를 소리 내 읽어 보고 빈칸에 한자 어휘를 쓰세요.

대 答
대할 對

뜻 부르는 말이나 묻는 것에 대해 어떤 **답**을 함, 또는 그 말.

예문 모두 큰 소리로 [　　] 해 봅시다.

오 答
그르칠 誤

뜻 잘못된 **대답**. 🔄 정답

예문 내가 쓴 답이 틀린 걸 보니 [　　] 이었구나.

해 答
풀 解

뜻 어떤 질문이나 문제를 풀이한 **답**.

예문 문제집 뒤쪽에 있는 [　　] 을 보고 채점했어요.

보 答
갚을 報

뜻 남에게 받은 은혜나 고마움을 **갚음**.

예문 나를 도와준 언니에게 [　　] 하고 싶어요.

* 이 어휘에서는 '갚다'의 뜻으로 써요.

1 다음 글 안에 있는 한자의 뜻과 소리를 쓰세요.

오빠는 내 말을 못 들었는지 대**答**이 없었어요.

뜻 _____

소리 _____

2 빈칸에 들어갈 한자 어휘를 <보기>에서 찾아 쓰세요.

보기

해답	문답	답답	보답

(1) 이 문제는 어떻게 풀어야 하는지 (　　　　　)을 봐도 모르겠어.

(2) 제비는 다리를 고쳐 준 흥부에게 그 (　　　　　)으로 박씨를 주었어요.

3 밑줄 친 부분의 뜻을 가진 한자 어휘에 ○ 하세요.

틀린 문제는 잘 오려서 공책에 붙이고 올바른 풀이 과정을 다시 적어요. 이 방법으로 <u>잘못된 대답</u>을 쓴 이유를 이해하고 옳은 답을 기억할 수 있어요.

오답
- - - - - - -
응답

4 다음 한자 어휘 중 '答'이 쓰인 것에 ✓ 하세요.

☐ ① 답사 ➔ 실제 현장에 가서 직접 보고 조사함.

☐ ② 답장 ➔ 질문이나 편지에 대한 답으로 보내는 편지.

✦ 한자의 뜻과 소리를 읽어 보세요.

뜻 **소리**

들을 문

* '듣다'의 뜻이 있어요.
* '소문'의 뜻도 있어요.

귀(耳)를 대고 문(門)밖의 소리를 듣는 것을 나타낸 글자예요.

✦ 한자 어휘를 소리 내 읽어 보고 빈칸에 한자 어휘를 쓰세요.

견 聞
볼 見

뜻 보고 **들은** 경험이나 이를 통해 얻은 지식.

예문 여행을 통해 ☐☐ 을 넓힐 수 있다.

금 시 초 聞
이제 今   때 時   처음 初

뜻 어떤 이야기를 지금 처음으로 **들음**.

예문 이 얘기는 ☐☐☐☐ 이야.

풍 聞
바람 風

뜻 바람처럼 떠도는 **소문**.

예문 ☐☐ 에 의하면 소연이랑 상우가 사귄다더라.

* 이 어휘에서는 '소문'의 뜻으로 써요.

수 소 聞
찾을 搜   바 所

뜻 원하는 것을 찾기 위해 떠도는 **소문**을 따라다님.

예문 내로라하는 떡볶이 맛집을 ☐☐☐ 했지.

* 이 어휘에서는 '소문'의 뜻으로 써요.

1 다음 글 안에 있는 한자의 뜻과 소리를 쓰세요.

> 들려오는 풍聞에 의하면, 3반의 현지가 수학 1등이래.

뜻 _____

소리 _____

2 빈칸에 들어갈 한자 어휘를 찾아 선을 이으세요.

(1) | 보고 들은 것이 많으면 ☐이 넓어지지. | • • ㉠ 견문

(2) | 잃어버린 강아지를 찾기 위해 여기저기 ☐했다. | • • ㉡ 수소문

3 밑줄 친 부분의 뜻을 가진 한자 어휘에 ○ 하세요.

> 우림: 지찬이가 오늘까지만 학교에 나오는 거 알지?
>
> 연아: 뭐? 지찬이 전학 가? 나는 그 얘기 지금 처음으로 들었어.

금의환향

금시초문

4 다음 한자 어휘의 예문을 읽어 보고 뜻에 알맞은 말에 ○ 하세요.

문일지십

예문 민지는 방금 배운 낱말을 활용해서 말할 줄 아는 문일지십의 영어 실력으로 모두를 놀라게 했다.

뜻 하나를 (들으면 , 물으면) 열을 앎.

1 다음 글 안에 있는 한자의 뜻과 소리를 쓰세요.

> 동생과 스무고개 놀이를 했다. 동생이 **問**제를 내고 내가 **答**을 맞췄다.

(1) **問** ( )   (2) **答** ( )

> 다음 국어 시간에 좋아하는 시를 낭**讀**하기로 했다. 나는 견**聞**도 쌓을 겸 오늘 집으로 돌아가는 길에 **書**점을 들르기로 했다.

(3) **讀** ( )   (4) **聞** ( )

(5) **書** ( )

2 가로 열쇠, 세로 열쇠를 풀어 낱말 퍼즐을 완성하세요.

(1)

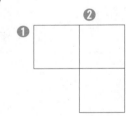

가로 열쇠

❶ [뜻] 책을 읽음.
[예문] 우리는 ○○로 즐거움과 교훈을 얻는다.

세로 열쇠

❷ [뜻] 글자로 기록한 문서.
[예문] 동아리에 들어가려면 지원 ○○가 필요해.

(2)

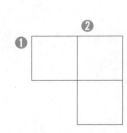

가로 열쇠

❶ [뜻] 의심스럽게 생각함, 또는 그런 **문제**나 사실.
[예문] 많이 먹지도 않았는데 왜 살이 찌는지 ○○이다.

세로 열쇠

❷ [뜻] 물어서 의논함.
[예문] 식당 예약 시간을 바꿔도 되는지 ○○합니다.

3 뜻풀이에 맞는 한자 어휘를 찾아 선을 이으세요.

(1) 물음과 대답. •

(2) 잘못된 대답. •

(3) 바람처럼 떠도는 소문. •

(4) 글을 읽어서 뜻을 이해함. •

• ㉠ 문답

• ㉡ 풍문

• ㉢ 독해

• ㉣ 오답

4 빈칸에 들어갈 한자 어휘를 <보기>에서 찾아 쓰세요.

보기

보답   해답   수소문   견문

(1) 나를 도와준 짝꿍에게 (   )으로 쿠키를 선물했어요.

(2) 연락이 끊긴 친구의 소식을 (   )했지만 소용없었어.

(3) 매일 머리를 싸매고 고민하던 문제의 (   )을 드디어 찾았어.

5 다음 대화를 읽고 밑줄 친 한자 어휘 중 '聞'이 쓰인 것을 찾아 쓰세요.

준서: 내일 단원평가 본대. 알고 있었어?

성훈: 아니, 금시초문인데. 이따가 교무실에 질문하러 가야겠다.

준서: 예상 문제라도 미리 주시면 좋겠다.

(   )

오늘도 한 뼘 자랐습니다

어휘를 정복하는
한자의 힘

· 정답 및 해설
· 한자 음으로 찾아보기

길벗스쿨

정답 및 해설

Day 01
11쪽

1 긴, 장 **2** (1) - ⓒ, (2) - ⓐ **3** 장녀 **4** ①

도움말 **4** '長'이 쓰인 한자 어휘는 '아주 먼 길을 가는 과정.'이라는 뜻의 '대장정'입니다. '백일장'에는 '場(마당 장)'이 쓰였습니다.

Day 02
13쪽

1 짧을, 단 **2** (1) 장단 (2) 단축 **3** ① - ⓐ, ② - ⓒ **4** ①

도움말 **4** '短'이 쓰인 한자 어휘는 '머리카락을 짧게 깎거나 자름, 또는 그런 머리 모양.'이라는 뜻의 '단발'입니다. '단호'는 '결심이나 태도, 입장 등이 흔들림 없이 엄격하고 분명함.'이라는 뜻으로 '斷(끊을 단)'이 쓰였습니다.

Day 03
15쪽

1 강할, 강 **2** (1) 강조 (2) 강타 **3** 강풍 **4** ②

도움말 **4** '強'이 쓰인 한자 어휘는 '수준이나 정도를 높임.'이라는 뜻의 '강화'입니다. '강산'은 '강과 산. 자연의 경치.'라는 뜻으로 '江(강 강)'이 쓰였습니다.

Day 04
17쪽

1 약할, 약 **2** 약화 **3** ① - ⓒ, ② - ⓐ **4** ②

도움말 **4** '弱'이 쓰인 한자 어휘는 '강함과 약함.'이라는 뜻의 '강약'입니다. '약효'는 '약의 효과.'라는 뜻으로 '藥(약 약)'이 쓰였습니다.

Day 05
19쪽

1 무거울, 중 **2** (1) 중상 (2) 소중 **3** 중복 **4** ①

도움말 **4** '重'이 쓰인 한자 어휘는 '귀하고 중요함.'이라는 뜻의 '귀중'입니다. '중간'은 '공간이나 시간 등의 가운데.'라는 뜻으로 '中(가운데 중)'이 쓰였습니다.

다지기
20~21쪽

1 (1) 무거울 중 (2) 강할 강 (3) 약할 약 (4) 짧을 단 (5) 긴 장 **2** (1) 강풍 (2) 중상 (3) 단시간
3 (1) - ⓒ (2) - ⓔ (3) - ⓐ (4) - ⓒ **4** (1) 교장 (2) 허약 (3) 단축 **5** 장신, 장발

도움말 **5** '長'이 쓰인 한자 어휘는 '키가 큰 몸.'이라는 뜻의 '장신', '길게 기른 머리털.'이라는 뜻의 '장발'입니다. '장정'은 '나이가 젊고 기운이 좋은 남자.'라는 뜻으로 '壯(장할 장)'이 쓰였습니다.

Day 06 (25쪽)

1 푸를, 청　　2 (1) - ㉡, (2) - ㉠　　3 청년　　4 ①

도움말 4 '靑'이 쓰인 한자 어휘는 '풀과 나무가 우거져 있는 푸른 산.'이라는 뜻의 '청산'입니다. '청소'에는 '淸(맑을 청)'이 쓰였습니다.

Day 07 (27쪽)

1 흰, 백　　2 백야　　3 (1) 백미 (2) 백지　　4 ②

도움말 4 '白'이 쓰인 한자 어휘는 '하얗게 센 머리카락.'이라는 뜻의 '백발'입니다. '백화점'은 '한 건물 안에 온갖 상품을 종류에 따라 나누어 판매하는 큰 상점.'이라는 뜻으로 '百(일백 백)'이 쓰였습니다.

Day 08 (29쪽)

1 누를, 황　　2 ②　　3 (1) - ㉡, (2) - ㉠　　4 ①

도움말 4 '黃'이 쓰인 한자 어휘는 '속살이 노란 복숭아.'라는 뜻의 '황도'입니다. '작황'은 '농작물이 잘되고 못된 상황.'이라는 뜻으로 '況(상황 황)'이 쓰였습니다.

Day 09 (31쪽)

1 푸를, 록(녹)　　2 녹음　　3 ① - ㉠, ② - ㉡　　4 ①

도움말 4 '綠'이 쓰인 한자 어휘는 '일 년 내내 잎이 푸른 나무.'라는 뜻의 '상록수'입니다. '방명록'은 '어떤 행사에 참석하거나 방문한 사람들이 이름을 적어 놓은 책.'이라는 뜻으로 '錄(기록할 록)'이 쓰였습니다.

Day 10 (33쪽)

1 빛, 색　　2 (1) - ㉡, (2) - ㉠　　3 안색　　4 ②

도움말 4 '色'이 쓰인 한자 어휘는 '색깔이 나도록 칠을 함, 또는 그 칠.'이라는 뜻의 '색칠'입니다. '어색'은 '잘 모르거나 별로 만나고 싶지 않았던 사람과 마주 대하여 자연스럽지 못함.'이라는 뜻으로 '塞(막힐 색)'이 쓰였습니다.

다지기 (34~35쪽)

1 (1) 푸를 록(녹) (2) 푸를 청 (3) 흰 백 (4) 누를 황 (5) 빛 색　　2 ① 색감 ② 황금 ③ 녹차 ④ 백지 ⑤ 청년　　3 (1) 누런 (2) 푸른빛 (3) 밝은　　4 (1) 염색 (2) 청색 (3) 황토　　5 초록, 엽록소

도움말 5 '綠'이 쓰인 한자 어휘는 '파랑과 노랑의 중간색.'이라는 뜻의 '초록', '빛 에너지를 화학 에너지로 바꾸는 푸른 색소.'라는 뜻의 '엽록소'입니다. '기록'은 '주로 후일에 남길 목적으로 어떤 사실이나 생각을 적거나 영상을 남김.'이라는 뜻으로 '錄(기록할 록)'이 쓰였습니다.

Day 11

39쪽

1 눈, 목   2 (1) 종목 (2) 목격   3 (1) 봄 (2) 항목   4 ②

도움말 4 '目'이 쓰인 한자 어휘는 '어떤 물품의 이름이나 책 제목을 일정한 순서로 적은 것.'이라는 뜻의 '목록'입니다. '묘목'은 '옮겨 심는 어린나무.'를 뜻하며 '木(나무 목)'이 쓰였습니다.

Day 12

41쪽

1 입, 구   2 구전   3 (1) 입구 (2) 식구   4 ②

도움말 4 '口'가 쓰인 한자 어휘는 '밖으로 나가는 문이나 통로.'라는 뜻의 '출구'입니다. '구직'에는 '求(구할 구)'가 쓰였습니다.

Day 13

43쪽

1 낯, 면   2 (1) 세면 (2) 면담   3 양면   4 ①

도움말 4 '面'이 쓰인 한자 어휘는 '사물의 가장 바깥쪽.'이라는 뜻의 '표면'입니다. '수면'은 '잠을 자는 일.'이라는 뜻으로 '眠(잘 면)'이 쓰였습니다.

Day 14

45쪽

1 손, 수   2 가수   3 (1) - ㉠, (2) - ㉡   4 ②

도움말 4 '手'가 쓰인 한자 어휘는 '몸, 얼굴, 손의 물기를 닦는 데 쓰는 천.'이라는 뜻의 '수건'입니다. '수영장'은 '헤엄치며 놀거나 수영 경기를 할 수 있는 시설.'이라는 뜻으로 '水(물 수)'가 쓰였습니다.

Day 15

47쪽

1 발, 족   2 (1) 만족 (2) 수족   3 (1) 부족 (2) 만족   4 ②

도움말 4 '足'이 쓰인 한자 어휘는 '매우 넉넉해서 부족함이 없음.'이라는 뜻의 '풍족'입니다. '가족'은 '친족 관계에 있는 사람들의 집단.'이라는 뜻으로 '族(겨레 족)'이 쓰였습니다.

다지기

48~49쪽

1 (1) 발 족 (2) 눈 목 (3) 낯 면 (4) 손 수 (5) 입 구   2 (1) 만족 (2) 종목 (3) 입구 (4) 수제 (5) 가면   3 ❶ 가수 ❷ 족구 ❸ 수족   4 (1) 양면 (2) 구전 (3) 부족   5 거수, 박수

도움말 5 '手'가 쓰인 한자 어휘는 '의견을 나타내기 위해 한 손을 들어 올림.'이라는 뜻의 '거수', '기쁨, 축하, 환영, 칭찬 등을 나타내려고 두 손뼉을 마주침.'이라는 뜻의 '박수'입니다. '대다수'는 '거의 모두 다.'라는 뜻으로 '數(셈 수)'가 쓰였습니다.

Day 16
53쪽

1 밥/먹을, 식   2 (1) 외식 (2) 간식   3 편식   4 ①

도움말 4 '食'이 쓰인 한자 어휘는 '음식물에 들어 있는 독성 물질을 먹어서 생기는 병.'이라는 뜻의 '식중독'입니다. '복식'은 '옷을 꾸민 모양.'이라는 뜻으로 '飾(꾸밀 식)'이 쓰였습니다.

Day 17
55쪽

1 마실, 음   2 (1) 시음 (2) 미음   3 (1) 음식 (2) 음료수   4 ①

도움말 4 '飮'이 쓰인 한자 어휘는 '마시는 데 씀, 또는 그런 것.'이라는 뜻의 '음용'입니다. '음치'에는 '音(소리 음)'이 쓰였습니다.

Day 18
57쪽

1 일, 사   2 농사   3 ① - ⓛ, ② - ㉠   4 ②

도움말 4 '事'가 쓰인 한자 어휘는 '일의 형편이나 이유.'라는 뜻의 '사정'입니다. '사과'는 '자신의 잘못을 인정하며 용서해 달라고 빎.'이라는 뜻으로 '謝(사례할 사)'가 쓰였습니다.

Day 19
59쪽

1 업, 업   2 (1) - ⓛ, (2) - ㉠   3 학업   4 ②

도움말 4 밑줄 친 한자 어휘 '개업'의 뜻은 '영업을 처음 시작함.'으로 '業(업 업)'이 쓰였습니다. 따라서 글을 읽고 바르게 말한 친구는 마을에 영업을 새로 시작한 가게가 많아졌다고 말한 현우입니다.

Day 20
61쪽

1 쉴, 휴   2 휴가   3 (1) - ⓛ, (2) - ㉠   4 ①

도움말 4 '休'가 쓰인 한자 어휘는 '하던 일을 멈추고 잠깐 쉼.'이라는 뜻의 '휴식'입니다. '휴대'에는 '携(이끌 휴)'가 쓰였습니다.

다지기
62~63쪽

1 (1) 쉴 휴 (2) 일 사 (3) 업 업 (4) 밥/먹을 식 (5) 마실 음   2 ❶ 음식 ❷ 음료수 ❸ 급식
3 (1) 휴교 (2) 농사   4 ① 시음 ② 휴가 ③ 학업 ④ 경사   5 연휴, 휴양지

도움말 5 '休'가 쓰인 한자 어휘는 '쉬는 날이 이틀 이상 계속되는 일.'이라는 뜻의 '연휴', '편안히 쉬면서 건강을 잘 돌보기에 알맞은 곳.'이라는 뜻의 '휴양지'입니다. '휴대용'은 '손에 들거나 몸에 지니고 다닐 수 있게 만든 물건.'이라는 뜻으로 '携(이끌 휴)'가 쓰였습니다.

Day 21

67쪽

1 있을, 유   2 유익   3 (1) - ⓛ, (2) - ⓐ   4 ①

> **도움말** 4 '有'가 쓰인 한자 어휘는 '쓸모가 있음.'이라는 뜻의 '유용'입니다. '주유소'는 '자동차 등에 연료가 되는 기름을 넣는 곳.'을 뜻하며 '油(기름 유)'가 쓰였습니다.

Day 22

69쪽

1 아닐, 불/부   2 (1) 불량 (2) 불쾌   3 부주의   4 행복하지 않음

> **도움말** 4 '불행'은 '不(아닐 불)'이 들어 있는 한자 어휘로 '행복하지 않음.'이라는 뜻입니다.

Day 23

71쪽

1 편할, 편   2 변기   3 (1) 불편 (2) 편안   4 ②

> **도움말** 4 '便'이 쓰인 한자 어휘는 '이용하기 쉽고 편함.'이라는 뜻의 '편리'입니다. '편애'는 '어느 한 사람이나 한쪽만을 치우치게 사랑함.'이라는 뜻으로 '偏(치우칠 편)'이 쓰였습니다.

Day 24

73쪽

1 편안, 안   2 (1) - ⓛ, (2) - ⓐ   3 불안   4 ①

> **도움말** 4 '安'이 쓰인 한자 어휘는 '아무 탈 없이 편안함.'이라는 뜻의 '안녕'입니다. '해안'에는 '岸(언덕 안)'이 쓰였습니다.

Day 25

75쪽

1 온전, 전   2 완전   3 (1) - ⓐ, (2) - ⓛ   4 ②

> **도움말** 4 밑줄 친 한자 어휘 '전액'의 뜻은 '액수의 전부.'로 '全(온전 전)'이 쓰였습니다. 따라서 글을 읽고 바르게 말한 친구는 유소년 축구 대회의 우승 상금이 전부 기부될 것이라고 말한 예지입니다.

다지기

76~77쪽

1 (1) 있을 유 (2) 아닐 불/부 (3) 편할 편 (4) 온전 전 (5) 편안 안   2 (1) 유해 (2) 미안 (3) 불량   3 (1) 유익 (2) 전교 (3) 변기 (4) 부주의   4 불   5 전국, 완전

> **도움말** 5 '全'이 쓰인 한자 어휘는 '전국, 완전'입니다. '전국'은 '온 나라 전체.'라는 뜻입니다. '완전'은 '필요한 것이 모두 갖추어져 모자람이나 흠이 없음.'이라는 뜻입니다. '오전'은 '아침부터 낮 열두 시까지의 시간.'을 뜻하며 '前(앞 전)'이 쓰였습니다.

Day 26

81쪽

1 물건, 물　　2 실물　　3 물가　　4 ②

> [도움말] 4 '物'이 쓰인 한자 어휘는 '풀, 나무와 같은 스스로의 힘으로 움직일 수 없는 생명체.'라는 뜻의 '식물'입니다. '물론'은 '굳이 말할 필요가 없음.'이라는 뜻으로 '勿(말 물)'이 쓰였습니다.

Day 27

83쪽

1 모양, 형　　2 형태　　3 (1) - ㉠, (2) - ㉡　　4 모양

> [도움말] 4 '형편'은 '形(모양 형)'이 들어 있는 한자 어휘로 '일이 되어 가는 모양.'이라는 뜻입니다.

Day 28

85쪽

1 사이, 간　　2 (1) - ㉡, (2) - ㉠　　3 (1) 순간 (2) 공간　　4 ①

> [도움말] 4 '間'이 쓰인 한자 어휘는 '양 눈썹 사이.'라는 뜻의 '미간'입니다. '간편'은 '간단하고 편리함.'이라는 뜻으로 '簡(간략할 간)'이 쓰였습니다.

Day 29

87쪽

1 수레, 차/거　　2 차비, 자전거　　3 (1) 차도 (2) 인력거　　4 ②

> [도움말] 4 '車'가 쓰인 한자 어휘는 '타고 있던 차에서 내림.'이라는 뜻의 '하차'입니다. '재차'는 '두 번째.'라는 뜻으로 '次 (버금 차)'가 쓰였습니다.

Day 30

89쪽

1 줄, 선　　2 무선　　3 (1) - ㉠, (2) - ㉡　　4 ②

> [도움말] 4 '線'이 쓰인 한자 어휘는 '직선 위에 있는 두 점 사이의 부분.'이라는 뜻의 '선분'입니다. '선행'은 '착하고 올바른 행동.'이라는 뜻으로 '善(착할 선)'이 쓰였습니다.

다지기

90~91쪽

1 (1) 물건 물 (2) 사이 간 (3) 수레 차/거 (4) 줄 선 (5) 모양 형　　2 (1) ❶ 차선 ❷ 선로 (2) ❶ 간격 ❷ 순간　　3 (1) ㉢ (2) ㉠ (3) ㉡　　4 ① 직선 ② 형태 ③ 인력거 ④ 실물　　5 시간, 간식

> [도움말] 5 '間'이 쓰인 한자 어휘는 '어떤 시각에서 다른 시각까지의 사이.'라는 뜻의 '시간', '끼니와 끼니 사이에 간단히 먹는 음식.'이라는 뜻의 '간식'입니다. '간단'은 '단순하고 간략함.'이라는 뜻으로 '簡(간략할 간)'이 쓰였습니다.

Day 31

95쪽

1 마을, 촌   2 (1) 어촌 (2) 촌장   3 (1) 강촌 (2) 촌락   4 ②

> 도움말 4 '村'이 쓰인 한자 어휘는 '농사를 짓는 사람들이 주로 모여 사는 마을.'이라는 뜻의 '농촌'입니다. '삼촌'은 '부모님의 남자 형제를 이르거나 부르는 말.'이라는 뜻으로 '寸(마디 촌)'이 쓰였습니다.

Day 32

97쪽

1 마을, 리(이)   2 이장   3 (1) - ㉡, (2) - ㉠   4 ①

> 도움말 4 '里'가 쓰인 한자 어휘는 '우리나라의 땅 전체.'라는 뜻의 '삼천리'입니다. '부조리'에는 '理(다스릴 리)'가 쓰였습니다.

Day 33

99쪽

1 고을, 읍   2 (1) 읍장 (2) 도읍   3 읍내   4 ②

> 도움말 4 '邑'이 쓰인 한자 어휘는 '읍에 속한 마을.'이라는 뜻의 '읍촌'입니다. '감읍'에는 '泣(울 읍)'이 쓰였습니다.

Day 34

101쪽

1 골, 동   2 (1) 동굴 (2) 통찰력   3 (1) 동장 (2) 동구   4 ②

> 도움말 4 '洞'이 쓰인 한자 어휘는 '한동네에서 같이 사는 사람.'이라는 뜻의 '동민'입니다. '동생'은 '같은 부모에게서 태어난 형제나 친척 형제 중 나이가 적은 사람을 이르거나 부르는 말.'이라는 뜻으로 '同(한가지 동)'이 쓰였습니다.

Day 35

103쪽

1 저자, 시   2 시판   3 (1) - ㉡, (2) - ㉠   4 ②

> 도움말 4 '市'가 쓰인 한자 어휘는 '여러 가지 상품을 사고파는 곳.'이라는 뜻의 '시장'입니다. '시간'은 '어떤 시각에서 다른 시각까지의 동안.'이라는 뜻으로 '時(때 시)'가 쓰였습니다.

다지기

104~105쪽

1 (1) 저자 시 (2) 마을 촌 (3) 골 동 (4) 고을 읍 (5) 마을 리(이)   2 (1) 시내 (2) 어촌 (3) 도읍   3 (1) 시판 (2) 동굴   4 ❶ 이장 ❷ 이정표 ❸ 촌장   5 시립, 시민

> 도움말 5 '市'가 쓰인 한자 어휘는 '시립, 시민'입니다. '시립'은 '공공의 이익을 위해 시의 예산으로 설립하고 관리함.'이라는 뜻입니다. '시민'은 '한 도시 안에 살고 있는 사람.'이라는 뜻입니다. '전시'는 '여러 가지 물품을 한곳에 벌여 놓고 보임.'을 뜻하며 '示(보일 시)'가 쓰였습니다.

Day 36

109쪽

1 스스로, 자   2 자책   3 (1) - ⓒ, (2) - ⑤   4 ①

도움말 4 '自'가 쓰인 한자 어휘는 '그 사람 자신.'이라는 뜻의 '자기'입니다. '자매'는 '언니와 여동생 사이를 이르는 말.'을 뜻하며 '姉(손윗누이 자)'가 쓰였습니다.

Day 37

111쪽

1 그럴, 연   2 (1) 당연 (2) 천연   3 연후   4 ②

도움말 4 '然'이 쓰인 한자 어휘는 '반드시 그렇게 되는 일.'이라는 뜻의 '필연'입니다. '연말'에는 '年(해 년)'이 쓰였습니다.

Day 38

113쪽

1 내, 천   2 청천   3 (1) 산천 (2) 하천   4 ①

도움말 4 '천변'은 '川(내 천)'이 쓰인 한자 어휘로 '냇물의 주변.'이라는 뜻입니다. 주어진 뜻에 알맞게 사용한 친구는 소윤입니다.

Day 39

115쪽

1 강, 강   2 (1) - ⑤, (2) - ⓒ   3 강남   4 ②

도움말 4 '江'이 쓰인 한자 어휘는 '강의 북쪽 지역.'이라는 뜻의 '강북'입니다. '강수량'은 '일정한 기간 동안 일정한 곳에 비나 눈 등이 내려 생기는 물의 양.'을 뜻하며 '降(내릴 강)'이 쓰였습니다.

Day 40

117쪽

1 바다, 해   2 해외   3 (1) - ⓒ, (2) - ⑤   4 ①

도움말 4 '海'가 쓰인 한자 어휘는 '바다에서 나는 동식물.'이라는 뜻의 '해산물'입니다. '해충'은 '인간의 생활에 해를 끼치는 벌레.'를 뜻하며 '害(해할 해)'가 쓰였습니다.

다지기

118~119쪽

1 (1) 스스로 자 (2) 그럴 연 (3) 내 천 (4) 강 강 (5) 바다 해   2 ❶ 강변 ❷ 해녀 ❸ 강폭 ❹ 해변   3 (1) 해저 (2) 자신감 (3) 당연   4 천   5 자기, 자업자득

도움말 5 '自'가 쓰인 한자 어휘는 '그 사람 자신.'이라는 뜻의 '자기', '자기가 한 일의 결과를 자기가 받음.'이라는 뜻의 '자업자득'입니다. '자세'는 '어떤 일을 대하는 마음가짐이나 태도.'를 뜻하며 '姿(모양 자)'가 쓰였습니다.

Day 41
123쪽

1 성, 성 **2** (1) 희성 (2) 성씨 **3** (1) 성명 (2) 동성 **4** ①

도움말 **4** '姓'이 쓰인 한자 어휘는 '나라의 근본을 이루는 일반 국민.'이라는 뜻의 '백성'입니다. '완성'은 '완전히 다 이룸.'을 뜻하며 '成(이룰 성)'이 쓰였습니다.

Day 42
125쪽

1 이름, 명 **2** (1) 별명 (2) 명언 **3** (1) - ⓒ, (2) - ⓐ **4** ①

도움말 **4** '名'이 쓰인 한자 어휘는 '어떤 분야에서 기예가 뛰어나 유명한 사람.'이라는 뜻의 '명인'입니다. '명령'은 '윗사람이 아랫사람에게 무엇을 시킴.'을 뜻하며 '命(목숨 명)'이 쓰였습니다.

Day 43
127쪽

1 인간, 세 **2** (1) 세상 (2) 별세 **3** 후세 **4** ①

도움말 **4** '世'가 쓰인 한자 어휘는 '서로 다른 세대들 간의 생각의 차이.'라는 뜻의 '세대차'입니다. '세차장'에는 '洗(씻을 세)'가 쓰였습니다.

Day 44
129쪽

1 살, 활 **2** (1) 생활 (2) 활용 **3** (1) 활발한 (2) 살아 움직이는 **4** 활동

도움말 **4** '활화산'은 '活(살 활)'이 들어 있는 한자 어휘로 '현재도 용암이 끓어오르며 활동을 계속하는 화산.'이라는 뜻입니다.

Day 45
131쪽

1 목숨, 명 **2** (1) - ⓒ, (2) - ⓐ **3** 구명 **4** ②

도움말 **4** '命'이 쓰인 한자 어휘는 '사람의 목숨.'이라는 뜻의 '인명'입니다. '명심'은 '잊지 않도록 마음속에 깊이 기억함.'이라는 뜻으로 '銘(새길 명)'이 쓰였습니다.

다지기
132~133쪽

1 (1) 성 성 (2) 이름 명 (3) 살 활 (4) 목숨 명 (5) 인간 세 **2** (1) 성씨 (2) 명작 (3) 활용
3 (1) 활기 (2) 세계 **4** ① 동성 ② 개명 ③ 별세 ④ 생활 **5** 명산

도움말 **5** '名'이 쓰인 한자 어휘는 '명산'으로, '산이 모양이 매우 아름답거나 경치가 좋은 산.'이라는 뜻입니다. '청명'은 '날씨가 맑고 밝음.', '투명'은 '물이나 유리 등이 맑음.'이라는 뜻으로 모두 '明(밝을 명)'이 쓰였습니다.

Day 46

137쪽

1 읽을, 독   2 (1) 독해 (2) 독자   3 ① - ⓒ, ② - ⑤   4 ①

도움말 4 '讀'이 쓰인 한자 어휘는 '책을 많이 읽음.'이라는 뜻의 '다독'입니다. '독창'은 '혼자서 노래를 부름.'이라는 뜻으로 '獨(홀로 독)'이 쓰였습니다.

Day 47

139쪽

1 글, 서   2 (1) - ⓒ, (2) - ⑤   3 (1) 서점 (2) 서평   4 ②

도움말 4 '書'가 쓰인 한자 어휘는 '붓으로 글씨를 쓰는 예술.'이라는 뜻의 '서예'입니다. '서행'은 '사람이나 자동차, 기차 등이 천천히 감.'이라는 뜻으로 '徐(천천할 서)'가 쓰였습니다.

Day 48

141쪽

1 물을, 문   2 (1) 문답 (2) 의문   3 (1) - ⓒ, (2) - ⑤   4 ①

도움말 4 '問'이 쓰인 한자 어휘는 '문제의 항목.'이라는 뜻의 '문항'입니다. '신문'은 '정기적으로 세상에 일어나는 새로운 일들을 알려 주는 간행물.'이라는 뜻으로 '聞(들을 문)'이 쓰였습니다.

Day 49

143쪽

1 대답, 답   2 (1) 해답 (2) 보답   3 오답   4 ②

도움말 4 '答'이 쓰인 한자 어휘는 '질문이나 편지에 대한 답으로 보내는 편지.'라는 뜻의 '답장'입니다. '답사'에는 '踏(밟을 답)'이 쓰였습니다.

Day 50

145쪽

1 들을, 문   2 (1) - ⑤, (2) - ⓒ   3 금시초문   4 들으면

도움말 4 '문일지십'은 '聞(들을 문)'이 들어 있는 한자 어휘로 '하나를 들으면 열을 앎.'이라는 뜻입니다.

다지기

146~147쪽

1 (1) 물을 문 (2) 대답 답 (3) 읽을 독 (4) 들을 문 (5) 글 서   2 (1) ❶ 독서 ❷ 서류 (2) ❶ 의문 ❷ 문의   3 (1) - ⑤ (2) - ⓔ (3) - ⓒ (4) - ⓒ   4 (1) 보답 (2) 수소문 (3) 해답
5 금시초문

도움말 5 '聞'이 쓰인 한자 어휘는 '어떤 이야기를 지금 처음으로 들음.'이라는 뜻의 '금시초문'입니다. '문제'는 '해답을 요구하는 물음.', '질문'은 '모르는 것이나 알고 싶은 것을 물음.'을 뜻하며 모두 '問(물을 문)'이 쓰였습니다.

한자 음으로 찾아보기

특별
부록

한자
쓰기

필순에 맞춰 멋지게 써 보자!

한자를 쓰는 순서, 필순을 알면 쉬워요

한자의 필순(筆順)이란 한자를 쓰는 순서를 말해요. 필순을 지켜서 한자를 쓰면 쓰기도 편하고 모양도 아름답습니다. 다음은 한자의 기본적인 필순 규칙이에요. 이를 모두 외울 필요는 없습니다. 가볍게 살펴보고 시작하세요. 각 한자마다 제시된 획순에 맞게 쓰다 보면 자연스럽게 익혀집니다.

1. 위쪽에 있는 획부터 쓴다.

2. 왼쪽에 있는 획부터 쓴다.

3. 가로획과 세로획이 만날 경우 가로획을 먼저 쓴다.

4. 좌우 모양이 같을 때는 가운데를 먼저 쓰고, 왼쪽 오른쪽의 순서로 쓴다.

5. 바깥 둘레가 있는 글자는 바깥을 먼저 쓰고 안을 나중에 쓴다.

6. 삐침(ノ)과 파임(乀)이 만날 때에는 삐침 먼저 쓴다.

7. 가운데를 꿰뚫는 획은 나중에 쓴다.

8. '辶'은 맨 마지막에 쓴다.

近　一　丆　厂　斤　斤　沂　沂　近

▶ 한자의 훈과 음을 소리 내며 한자를 쓰세요.

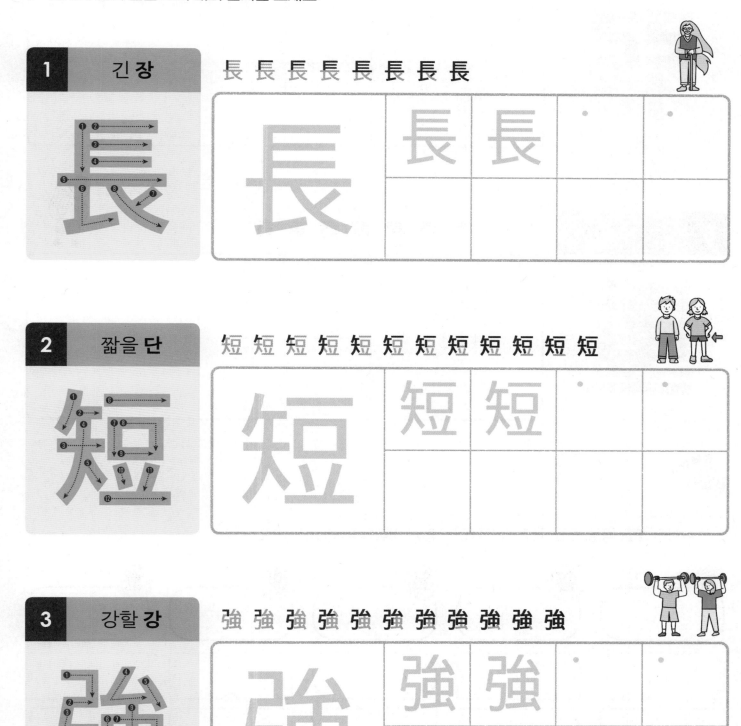

1 긴 장

長 長 長 長 長 長 長 長

2 짧을 단

短 短 短 短 短 短 短 短 短 短 短 短

3 강할 강

強 強 強 強 強 強 強 強 強 強 強

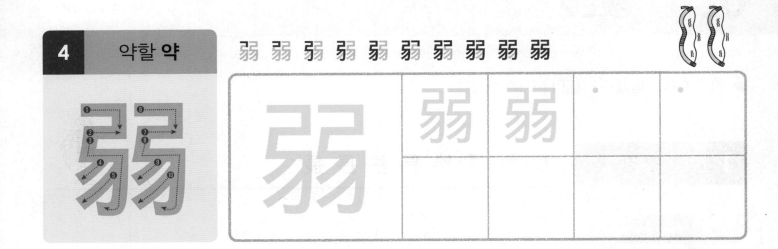

4 약할 약

弱 弱 弱 弱 弱 弱 弱 弱 弱 弱

弱	弱	弱		

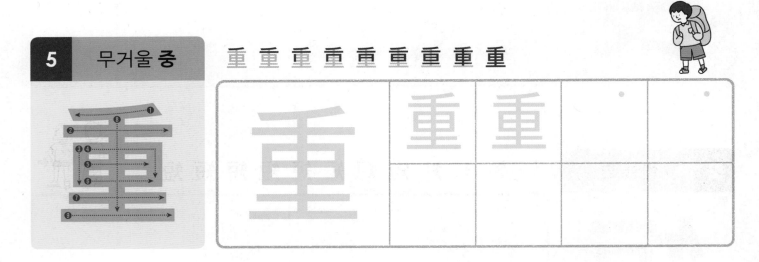

5 무거울 중

重 重 重 重 重 重 重 重 重

重	重	重		

정복 어휘!

다음 한자의 훈과 음을 쓰고, 그 한자가 들어간 한자 어휘를 두 개 이상 써 보세요.

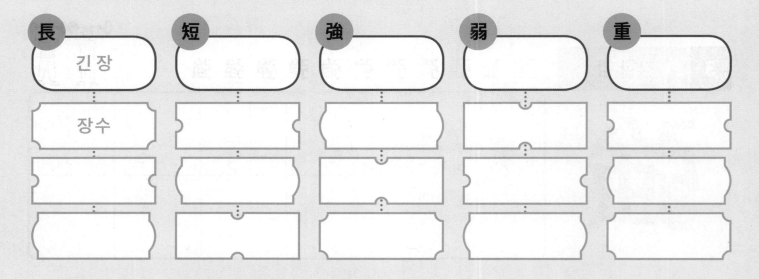

長	短	強	弱	重
긴 장				
장수				

▶ 한자의 훈과 음을 소리 내며 한자를 쓰세요.

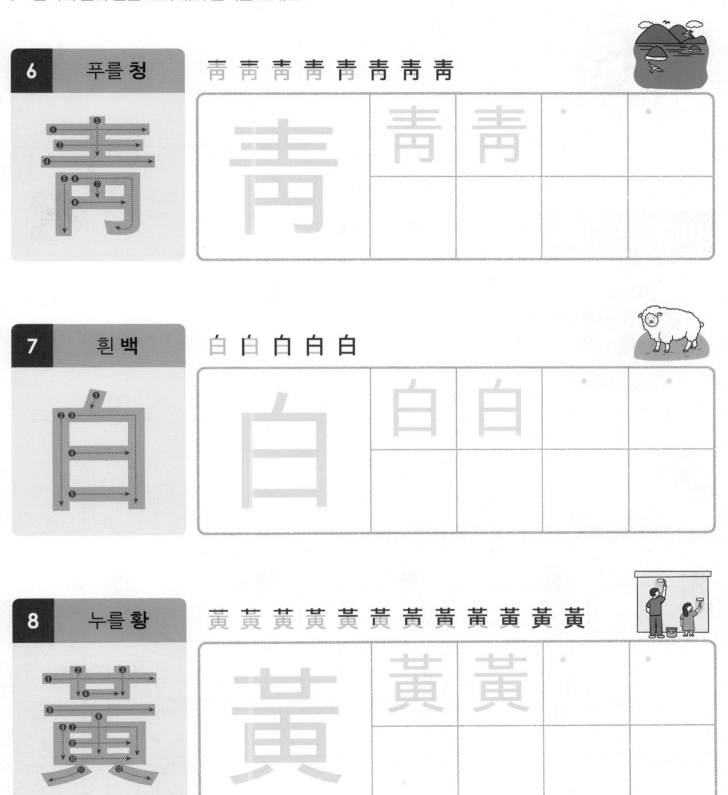

6	푸를 청
7	흰 백
8	누를 황

9	푸를 록	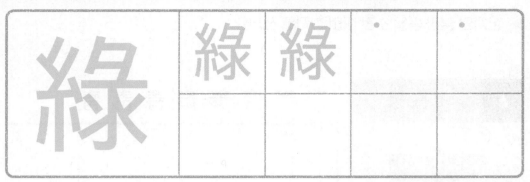

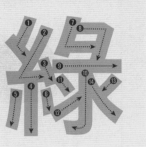

綠	綠	綠	·	·

10	빛 색	色 色 色 色 色 色

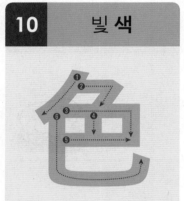

色	色	色	·	·

다음 한자의 훈과 음을 쓰고, 그 한자가 들어간 한자 어휘를 두 개 이상 써 보세요.

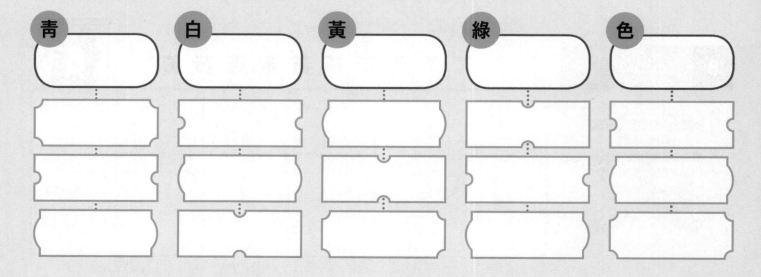

▶ 한자의 훈과 음을 소리 내며 한자를 쓰세요.

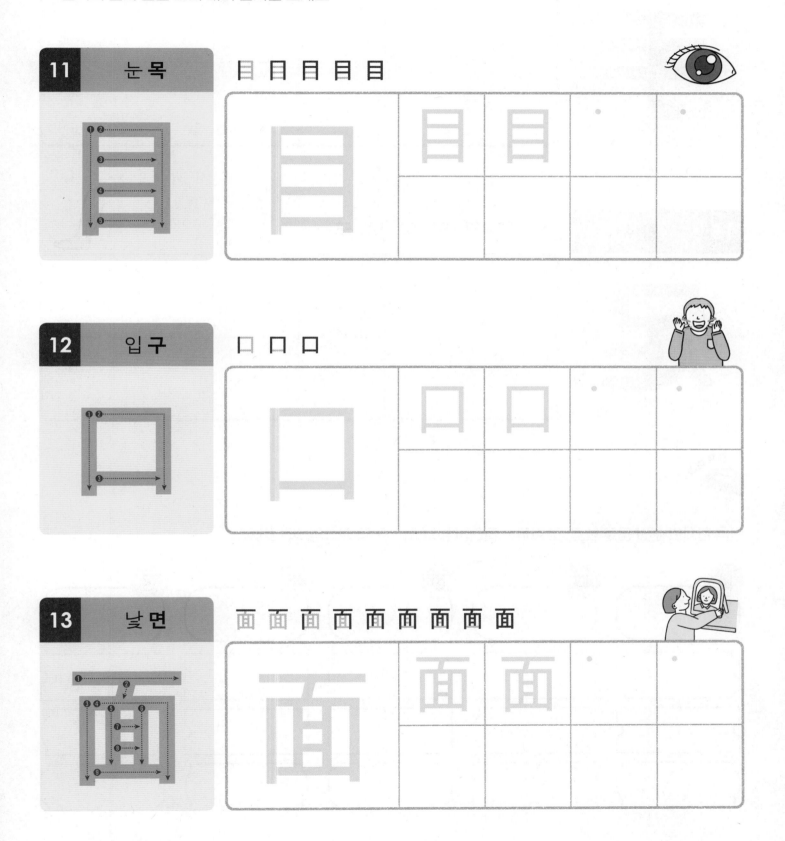

11	눈 목
12	입 구
13	낯 면

| 14 | 손 **수** | 手 手 手 手 |

| 15 | 발 **족** | 足 足 足 足 足 足 足 |

다음 한자의 훈과 음을 쓰고, 그 한자가 들어간 한자 어휘를 두 개 이상 써 보세요.

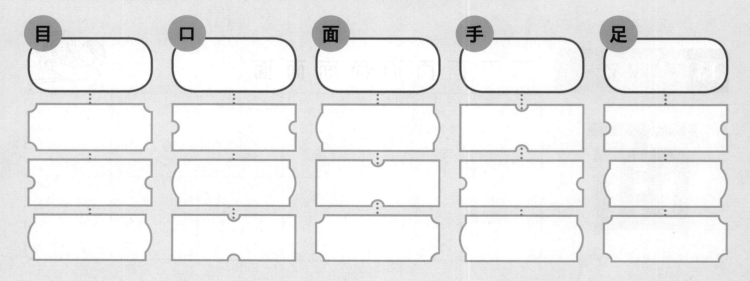

目　　口　　面　　手　　足

▶ 한자의 훈과 음을 소리 내며 한자를 쓰세요.

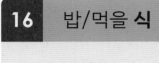

16 밥/먹을 식

食 食 食 食 食 食 食 食 食

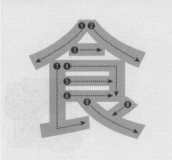

17 마실 음

飮 飮 飮 飮 飮 飮 飮 飮 飮 飮 飮 飮 飮

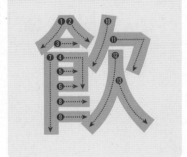

18 일 사

事 事 事 事 事 事 事 事

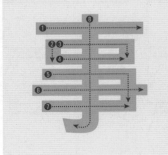

業

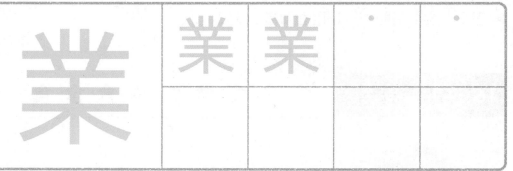

業

業業

休休休休休休

休

休休

정복 어휘!

다음 한자의 훈과 음을 쓰고, 그 한자가 들어간 한자 어휘를 두 개 이상 써 보세요.

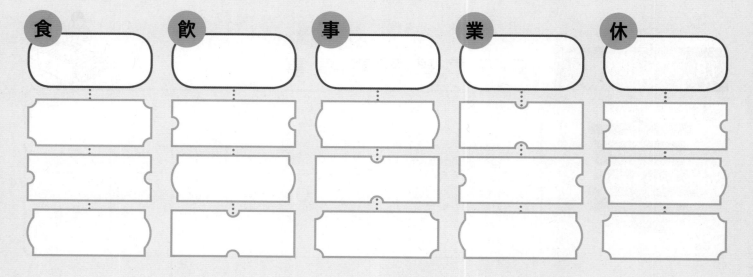

食   飲   事   業   休

▶ 한자의 훈과 음을 소리 내며 한자를 쓰세요.

21	있을 유

有 有 有 有 有 有

22	아닐 불/부

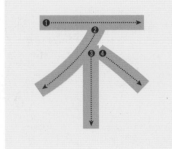

不 不 不 不

23	편할 편 똥오줌 변

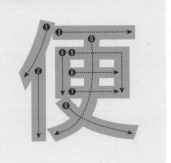

便 便 便 便 便 便 便 便 便

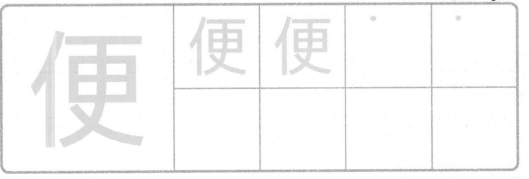

| 24 | 편안 **안** | 安安安安安安 |

| 25 | 온전 **전** | 全全全全全全 |

 정복 어휘!

다음 한자의 훈과 음을 쓰고, 그 한자가 들어간 한자 어휘를 두 개 이상 써 보세요.

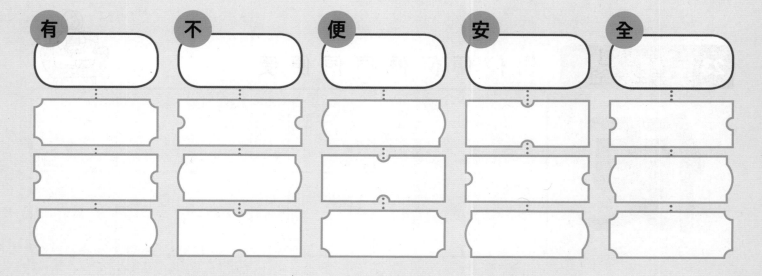

有 　　　不 　　　便 　　　安 　　　全

▶ 한자의 훈과 음을 소리 내며 한자를 쓰세요.

26 물건 **물**

物 物 物 物 物 物 物 物

物

物 物

---

27 모양 **형**

形 形 形 形 形 形 形

形

形 形

---

28 사이 **간**

間 間 間 間 間 間 間 間 間 間 間 間

間

間 間

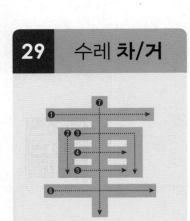

29 수레 **차/거**

車 車 車 車 車 車 車

車 | 車 | 車 | · | ·

---

30 줄 선

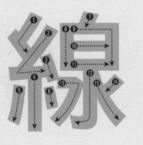

線 線 線 線 線 線 線 線 線 線 線 線 線 線 線

線 | 線 | 線 | · | ·

다음 한자의 훈과 음을 쓰고, 그 한자가 들어간 한자 어휘를 두 개 이상 써 보세요.

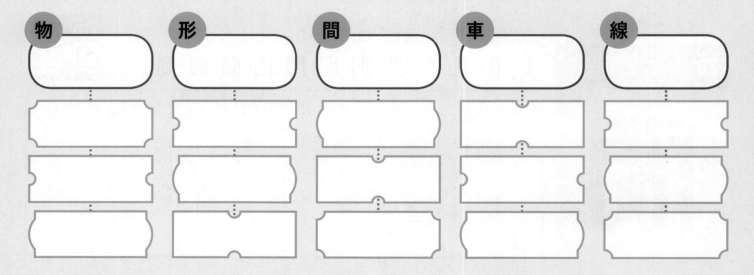

物　　形　　間　　車　　線

▶ 한자의 훈과 음을 소리 내며 한자를 쓰세요.

31	마을 촌

村 村 村 村 村 村 村

32	마을 리

里 里 里 里 里 里 里

33	고을 읍

邑 邑 邑 邑 邑 邑 邑

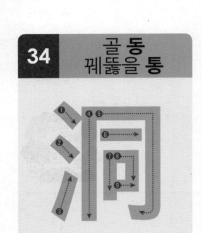

34 골 **동** 꿰뚫을 **통**

洞洞洞洞洞洞洞洞洞

35 저자 **시**

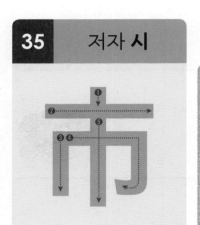

市市市市市

정복 어휘!

다음 한자의 훈과 음을 쓰고, 그 한자가 들어간 한자 어휘를 두 개 이상 써 보세요.

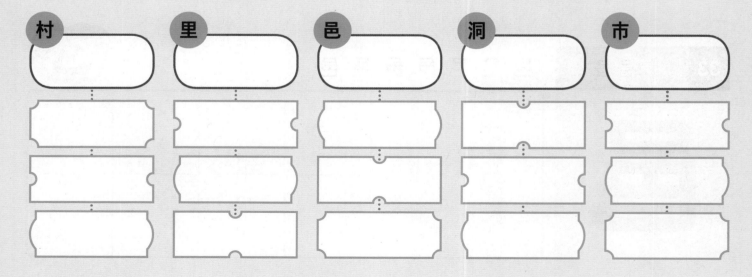

村　　里　　邑　　洞　　市

▶ 한자의 훈과 음을 소리 내며 한자를 쓰세요.

| 36 | 스스로 자 |

自 自 自 自 自 自

| 37 | 그럴 연 |

然 然 然 然 然 然 然 然 然 然 然 然

| 38 | 내 천 |

川 川 川

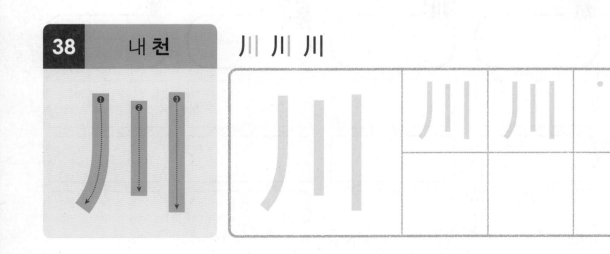

39 강 강

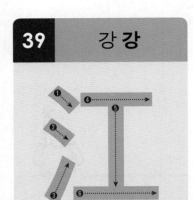

江 江 江 江 江 江

40 바다 해

海 海 海 海 海 海 海 海 海 海

정복 어휘!

다음 한자의 훈과 음을 쓰고, 그 한자가 들어간 한자 어휘를 두 개 이상 써 보세요.

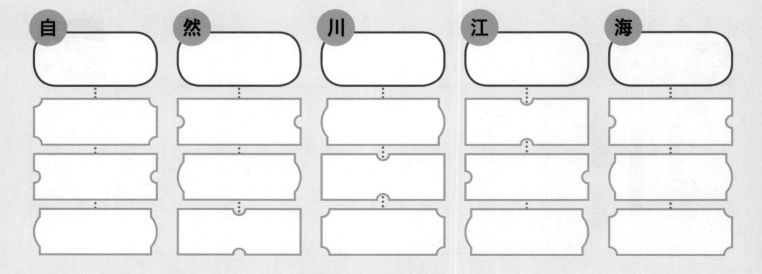

自   然   川   江   海

▶ 한자의 훈과 음을 소리 내며 한자를 쓰세요.

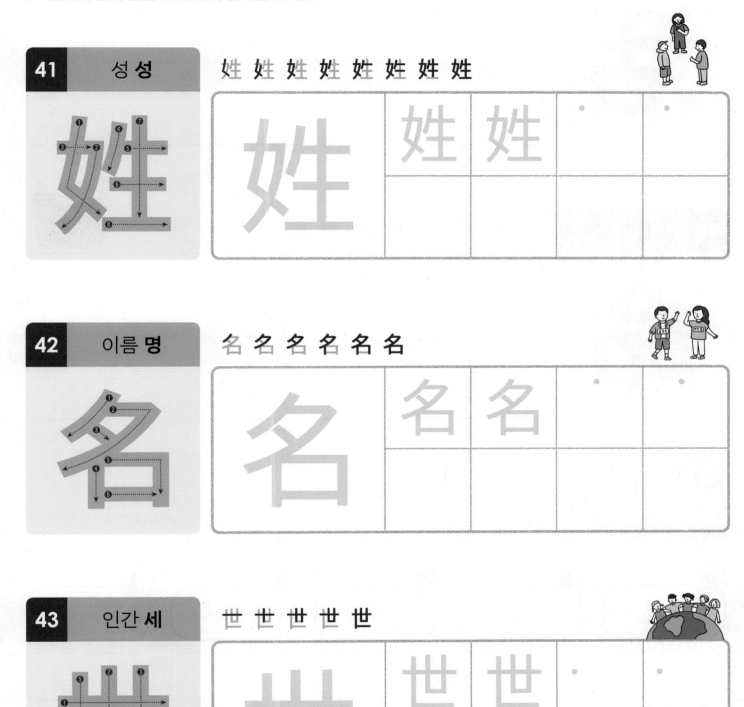

41	성 성
42	이름 명
43	인간 세

| 44 | 살 활 |  活活活活活活活活活 |

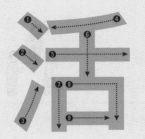

活	活	活	·	·

| 45 | 목숨 명 |  命命命命命命命命 |

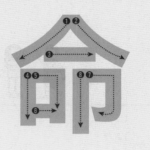

命	命	命	·	·

 정복 어휘!

다음 한자의 훈과 음을 쓰고, 그 한자가 들어간 한자 어휘를 두 개 이상 써 보세요.

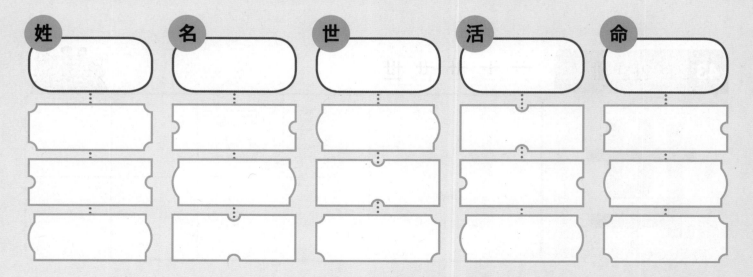

姓

名

世

活

命

▶ 한자의 훈과 음을 소리 내며 한자를 쓰세요.

46 읽을 독

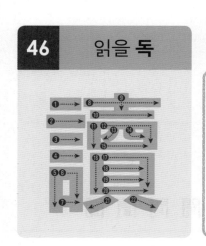

讀	讀	讀	·	·

47 글 서

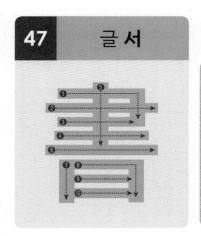

書	書	書	·	·

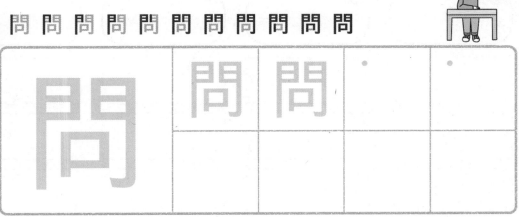

48 물을 문

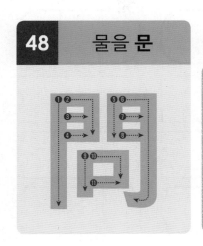

問	問	問	·	·

49 대답 **답**

答答答答答答答答答答答

答	答	答	·	·

50 들을 **문**

聞聞聞聞聞聞聞聞聞聞聞聞聞聞

聞	聞	聞	·	·

다음 한자의 훈과 음을 쓰고, 그 한자가 들어간 한자 어휘를 두 개 이상 써 보세요.

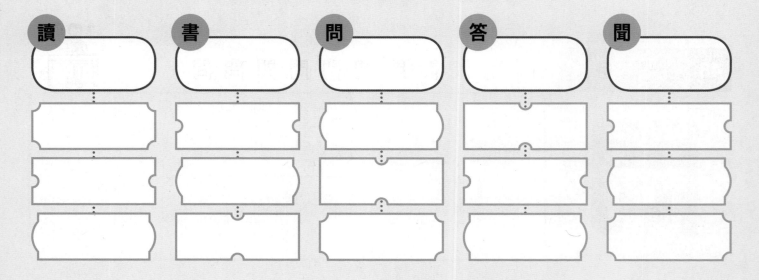

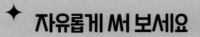

자유롭게 써 보세요

지은이 기적학습연구소

"혼자서 작은 산을 넘는 아이가 나중에 큰 산도 넘습니다"

본 연구소는 아이들이 혼자서 큰 산까지 넘을 수 있는 힘을 키워 주고자 합니다.
아이들의 연령에 맞게 학습의 산을 작게 만들어 혼자서도 쉽게 넘을 수 있게 만듭니다.
때로는 작은 고난도 경험하게 하여 성취감도 맛보게 합니다.
그리고 아이들에게 실제로 적용해서 검증을 통해 차근차근 책을 만들어 갑니다.
아이가 주인공인 기적학습연구소 [국어과]의 대표적 저작물은 〈기적의 독해력〉, 〈기적의 독서 논술〉,
〈4주 만에 완성하는 바른 글씨〉, 〈30일 완성 한글 총정리〉 등이 있습니다.

어휘를 정복하는 한자의 힘 · 2권

초판 발행 2023년 12월 18일
2쇄 발행 2024년 2월 14일

지은이 기적학습연구소
발행인 이종원
발행처 길벗스쿨
출판사 등록일 2006년 6월 16일
주소 서울시 마포구 월드컵로 10길 56(서교동 467-9)
대표 전화 02)332-0931 　　**팩스** 02)333-5409
홈페이지 www.gilbutschool.co.kr 　　**이메일** gilbut@gilbut.co.kr

기획 이경은(hey2892@gilbut.co.kr) 　　**편집 진행** 최지현, 박은숙, 유명희, 임소연
제작 이준호, 이진혁, 김우식 　　**영업마케팅** 문세연, 박다슬, 박선경 　　**웹마케팅** 박달님, 이재윤
영업관리 김명자, 정경화 　　**독자지원** 윤정아

디자인 퍼플페이퍼 정보라 　　**일러스트** 이새
전산 편집 린 기획 　　**인쇄 및 제본** 상지사피앤비

ISBN 979-11-6406-613-1(길벗스쿨 도서번호 10899)
정가 14,000원

독자의 1초를 아껴주는 정성 **길벗출판사** ⋯⋯⋯⋯⋯⋯⋯⋯⋯⋯⋯⋯⋯⋯⋯⋯⋯⋯⋯⋯⋯⋯⋯⋯⋯⋯⋯⋯

길벗스쿨 국어학습서, 수학학습서, 유아콘텐츠유닛, 주니어어학1/2, 어린이교양1/2, 교과서, 길벗스쿨콘텐츠유닛
길벗 IT실용서, IT/일반 수험서, IT전문서, 어학단행본, 어학수험서, 경제실용서, 취미실용서, 건강실용서, 자녀교육서
더퀘스트 인문교양서, 비즈니스서